순자

하나, 둘, 셋의 비밀

차례
Contents

고전의 이해

    고전은 종횡으로 읽어야 한다. 성현들이 횡설수설하였기 때문이다. 요즘 의미로 보면 좀 불경스러운 말이지만 본래 "가로세로로 말한다."라는 뜻이다. 성리학을 집대성한 송대의 주자는 "모든 법을 세울 때 횡설수설해야 한다."라고 하였고, 퇴계선생도 "성현의 말씀이 횡설수설하지만 각각 온당하여 서로 방해되지 않는다."라고 밝힌 바 있다. 고전에 보이는 논의가 얼핏 조리가 없어 보여도 상하, 본말, 선후, 체용 등의 방식으로 정리해서 보면 일관하는 것이 있기 때문이다. 성리학에는 '가로로 보고(橫看), 세로로 본다(竪看)'라는 말이 있다.

    세로로 읽는다는 것은 역사적 흐름 속에서 읽어야 한다는 말이다. 동서양의 고전은 모두 신화와 전설을 비롯하여 선현의 발자취를 자신의 시대적 가치관에 입각하여 형상화한 것이기 때문이다. 우리가 고전을 접하는 것은 박물관의 골동품을 감상하는 일과 다르다. '온고지신'은 『논어』에서 본래 '온고이지신(溫故而知新)'으로 되어 있다. (현재의 내가) 옛것을 익힘으로써 새것을 안다는 것이다. 한문에서 '而'는 '以'와 통하며 여기에서는 '지금'을 상징한다. 따라서 과거, 현재, 미래의 셋이 통일된다.

가로로 읽는다는 것은 동시대 다양한 지식인들의 사상과 연계해서 읽어야 한다는 말이다. 『논어』를 제대로 이해하려면 동시대의 『노자』와 『묵자』 등을 함께 보아야 한다. 마찬가지로 전국 말 진나라에 의한 통일 전야에 활동한 순자를 이해하려면 유가의 공자와 맹자는 물론, 당대 제자백가의 논의와 병행하여 읽어야 한다. 적어도 세 성현을 아울러 보아야 한다. 동서양의 수많은 고전은 이렇게 가로세로로 얽혀져 있으며, 따라서 고전을 접할 때에 종횡무진으로 살펴야 하는 것은 당연한 일이다. 이렇게 하면 나와 시간과 공간이 합하여 셋이 된다.

어느 날 장자가 연못에서 물고기가 자유롭게 노니는 것을 보면서 탄식하였다. 옆에 있던 친구 혜시가 물었다.

"자네는 물고기가 아닌데 어찌 물고기의 즐거움을 알겠는가?"

"자네는 내가 아닌데 어찌 그렇게 단정하는가?"

"물론 자네 말이 맞네. 그렇지만 자네가 물고기가 아닌 것도 사실 아닌가?"

"어떻게 알았는지 말해주겠네. 지금 여기에서 알았네."

일반적인 관점에서 보면 혜시의 말이 맞는 듯하다. 물론 장자도 친구의 의견을 부정하는 것은 아닐 것이다. 다만 자연의 입장이 아닌 시간과 공간을 전제한다면 자신의 감정을 표현할 수 있다는 것이다. 혹시라도 함께 풍류를 즐기고 있었던 것은 아닐까? 바로 이것이 현실적 삶이고 언어적 표현이다. 장자는 물고기를 잡으면 통발을 버리듯이 "뜻을 얻으면 말을 잊어야 한다."라고 강조한다. 통발이나 언어는 현실적으로 부득이한 수단과 방편에 불과하기 때문이다.

고전의 눈높이

종횡으로 읽으면 성현의 눈높이를 알게 된다. 흔히 유교 경전을 군자 타령의 도덕 교과서며, 공자와 맹자는 현실 문제를 도외시한 것으로 평가한다. 그러나 당시 그들의 대화 상대는 대부분 권력의 실세거나 최고 지식인들이었다. 따라서 유교 경전의 주요 내용은 무엇보다 지도자로서의 도덕성이 우선한다는 뜻이지 모든 사람이 그렇게 해야 한다는 것은 아니다.

공자는 제자 자공이 정치에 대해 물었을 때 "충분한 먹을 것, 충분한 군사력, 백성의 신뢰" 세 가지를 들었다. 이것은 오늘날의 관점에서 보면 정치 지도자의 자질로서 ①경제적 식견, ②외교안보적 식견, ③도덕성을 표현한 말이다. 이어서 자공이 어쩔 수 없이 선택할 경우를 나열하자, 공자는 도덕성을 최우선으로 들면서 "자고로 모든 사람은 죽는 것이지만 백성이 신뢰하지 않으면 지도자는 설 수 없다."라고 단언하였다.

한편 공자는 당시 강대국이었던 위나라를 여행하면서 인구가 많은 것을 보고 감탄한 일이 있다. 수행하던 제자가 "지금 먼저 필요한 것이 무엇인가요?"라고 물었을 때 "그들을 부유하게 해주는 것이다."라고 답하였다. 이에 다시 제자가 그다음에 해야 할 일을 묻자 "그들을 가르치는 것이다."라고 답하고 있다. 『관자』에 "창고가 차야만 예절을 안다."라는 말이 있다. 백성의 눈높이에서는 무엇보다 의식주와 관련된 경제문제가 가장 시급한 것이다. 맹자 또한 "백성은 항산(일정한 경제력)이 없으면 항심(일정한 마음)을 지닐 수 없다."라고 본다. 그러나 지도자라면 "항산이 없어도 항심을 유지할 수 있어야 한다."라는 것이다. 이처럼 성현의 눈높이를 고려해서 고전을 읽다 보면 새로운 느낌을 받는다.

성현과 고전에 따라서 같은 글자가 서로 다른 의미로 쓰이고 있음을 알게 된다. 예컨대 '天'이라는 글자는 제자백가서에서 다양한 의미로 쓰인다. 공자와 맹자는 주로 천명, 천도의 의미로 사용한다. 그러나 『노자』와 『장자』『순자』 등에서는 '자연'이라는 의미로, 『묵자』에서는 하느님(상제)의 의미로 쓰인다. 마치 서양에 God, Heaven, Sky 등 다양한 용어가 있는 것과 마찬가지다. 동양철학의 주요 개념은 대부분 사용자에 따라서 의미하는 바가 차이가 있다. 따라서 동일한 글자라도 모든 책에서 같은 의미로 쓰인다는 편견을 가지면 안 된다. 한자와 한문은 다르기 때문이다. 이 책에서는 동양철학의 대표적 개념들을 본래 의미로부터 서술하고 그것이 제자백가와 순자에게서 어떻게 정리되고 있는지를 살펴보는 방식으로 서술하였다.

공자의 고뇌와 삶

고전은 쌀밥과 같다는 표현이 있다. 매일 먹어도 질리지 않는다는 뜻이다. 예컨대 '반부논어(半部論語)'라는 고사성어는 송나라 태조 조광윤의 공신 가운데 한 명인 조보가 "반 권의 『논어』로써 천하를 다스릴 수 있다."라고 한 말에서 유래한 것이다. 『주역』 둔괘의 대상전에 '경륜'이란 말이 처음 보인다. 둔괘는 64괘 가운데 건괘와 곤괘를 이어 세 번째이자 하늘과 땅의 음양이 처음으로 결합된 괘다. 세상을 제대로 다스리기 위해서는 셋을 알아야만 한다는 상징이다. '둔'(屯)은 씨앗이 껍질을 벗고 땅속에서 처음 올라온 싹을 형상화한 글자다. 군자는 그러한 모습을 통하여 세상의 경륜을 도모한다. 대상전은 자연의 원리를 토대로 인간의 정치 윤리적 지침을 제시한 것으로 유학자들이 『주역』을 읽을 때 가장 중시하는 부분이다.

'경륜'은 본래 가로 세로의 실을 알맞게 엮는다는 뜻이지만 여기서는 어린 싹(생명, 백성)을 보면서 그것이 잘 자라서 꽃을 피우고 열매를 맺게 할 수 있도록 전략적으로 배려한다는 의미가 함축되어 있다. 『논어』는 기본적으로 공자와 제자와의 문답 내용에서도 그러하지만, 당시 권력 실세들과의 대화에는 현실 정치 문제에 대한 비판적 대안이 제시되어 있다. 고전은 이렇게 읽고 활용하는 사람에 따라서 수많은 모습으로 변신할 수 있다.

모든 책이 그러하듯 첫머리의 화두는 책 전체의 면모를 엿볼 수 있다. 『논어』 첫머리에는 "배우고(學) 때에 알맞게 익히면 기쁘지(悅) 아니한가? 멀리서 동지(朋)가 찾아오면 즐겁지(樂) 아니한가? 남들이 알아주지 않아도 언짢아하지 않는다면 군자가 아니겠는가?"라고 하였다. 평범한 듯 보이는 이 말은 사실 공자 자신의 고백일 것이다. 고전을 배운다는 것은 '본받는다.'라는 뜻이다. 사람의 본성은 차이가 없다고 하더라도 재능에 따라서는 선후가 있기 마련이므로 먼저 깨우친 사람의 행위를 본받아야 한다. 그러나 그것이 일회적으로 그쳐서는 안 되며, 새 새끼가 처음 날기 위해서 수없는 날갯짓(習)을 하는 것처럼 해야 한다. 이것이 학습의 뜻이며, 공자는 이것을 통해서 기쁨을 얻었다.

사람은 누구나 일상적인 벗은 물론이거니와 자신과 뜻을 함께하는 동지가 찾아오면 즐거워할 수밖에 없다. 이렇게 보면 공자는 내면적 기쁨은 학습에서 얻고, 외면적 즐거움은 동지를 통해서 느꼈다는 것이 된다. 당시 공자와 뜻을 함께할 수 있는 이들은 아주 적었으리라. 공자의 인간적 외로움과 고뇌의 모습은 『논어』 전편에 고스란히 남아 있다. 남들이 얼마나 알아주지 않았기에 이러한 합리화를 하였을까? 공자는 30여 나라 70여 명의 군주를 만난 것으로 알려졌다. 그렇지만 얼마나 따돌림을

당했으면 '상갓집 개'라는 별칭이 뒤따랐겠는가? 초상이 나면 동네에 있는 개들이 음식 냄새를 맡고 상갓집에 모여들지만, 조문객들의 발에 채이면서 눈치를 보는 신세를 비유한 것이다.

유교의 기본 강령은 수기치인(修己治人) 혹은 수기안인(修己安人)이다. '수기'는 '유덕자'가 되는 과정이며, '치인' 혹은 '안인'은 위정자를 가리킨다. 이와 대비되는 '소인'은 '불초자(덕이 없는 사람)'와 '백성'이라는 이중적 의미를 담고 있다. '소인(배)'이라는 용어는 일반적으로는 좋지 않은 것으로 사용되지만, 고전에서 '백성'이라는 의미로 쓰일 경우에는 폄하되는 일이 없다. 예컨대 공자가 "군자는 의(義)에 밝고 소인은 이(利)에 밝다."라고 할 때의 의미는 "지도자에게는 도덕성이 우선하고, 백성에게는 이로움이 우선한다."라는 뜻이다.

유교의 이상적 인간상인 '군자'는 유덕자인 동시에 위정자를 가리킨다. 덕이 있는 사람이 정치를 해야 하고, 정치를 하는 사람은 덕이 있어야 한다. 이것이 이른바 공자의 정명론이다.

공자는 제경공(齊景公)이 정치에 대해서 묻자, "임금은 임금답고 신하는 신하다우며, 부모는 부모답고 자식은 자식다워야 한다."라고 대답하였다. 이것은 우선 군신과 부자의 관계가 문란해져서 본래의 모습에서 벗어났다는 의미다. 당시 제경공이 처첩을 지나치게 많이 거느림으로써 태자를 세우기가 어렵게 된 상황을 전제한 발언이다. 다음으로는 "정명은 명에 합당한 덕을 가져야 한다."라는 의미가 된다. 말하자면, 임금 된 자는 반드시 군도에 부합해야 하며, 마찬가지로 신하와 부자는 각각 반드시 그 명분이 규정하는 도덕규범에 부합해야 한다. 그렇지 않으면 군신부자의 명분이 성립될 수 없다. 여기서 정명론은 단순히 명분을 고정하거나 집착하는 것이 아니라 그 지위에 합당한 덕과의 일치 여부에 달렸음을 알 수 있다. 그러나 공자를 비롯한 성현들이 자신의 뜻을 펼치기 어려웠다는 점을 보더라도 현실적으로 양자가 통일되기는 쉬운 일이 아니다.

유교에서 혁명은 가능한가?

맹자는 공자의 정명론을 현실적으로 구체화하여 혁명론을 제기한다. 여기서 혁명의 가능성이라는 것은 '임금이 임금답지 못한' 경우다. 명분을 중요시하는 유가의 입장에서 탕왕과 무왕의 은주혁명에 대해 설명하기란 쉬운 일이 아니다.

은주혁명이란 성탕(탕왕)이 하의 폭군 걸왕을 치고 은왕조를 세우고, 희발(무왕)이 은의 폭군 주왕을 베고 주왕조를 건립한 일을 가리킨다. 그러나 당시 혁명세력을 제외한 일반인들과 후대의 권력자의 입장에서는 상제의 아들이라고 여기는 천자를 인위적으로 제거한 일을 받아들이기 어려웠다. 이것을 문제 삼는 제선왕의 질문에 대하여 맹자는 인의를 해치는 사람은 필부에 불과하며, 따라서 임금을 시해한 것이 아니라 필부를 벌준 것에 불과하다고 답변하였다. 물론 명분으로 말하면 걸왕과 주왕은 천자였으나 폭군으로서 인의, 즉 명분에 부합하는 덕을 잃었으므로 이미 천자일 수 없다는 주장이다.

순자도 맹자와 마찬가지로 은주혁명은 신하로서 군주를 시해한 것임이 아님을 장황하게 논증하고 있다. 대표적인 근거는 걸왕과 주왕은 당시 민심을 잃었으므로 이미 천하를 잃은 평범한 사람에 불과하다는 것이다. 마치 맹자 방벌론의 부연 설명처럼 보인다. 다른 점이 있다면 맹자가 인의를 기준으로 하는 데 비해 순자는 그들이 '예의'를 상실하였다는 점을 기준으로 하고 있다.

순자는 물과 배의 비유로써 백성과 군주의 관계를 설명하고 있다. "군주는 배며, 백성은 물이다. 물은 배를 띄우기도 하지만 뒤엎기도 한다."라는 것이다. 결론적으로 "하늘이 백성을 낳은 것은 군주를 위한 것이 아니며, 하늘이 군주를 둔 것은 백성을 위한 것이다." 그러나 이상의 민본적 군주론은 역대 제왕들이 수용하기 어려운 것이었다. 명나라 태조 주원장이 『맹자』을 읽다가 집어던지고 문묘에서 위패를 치웠던 일화가 그것을 반증한다.

불교와 도교에서는 개인이 성불하거나 신선이 되면 그만일 수도 있다. 그러나 유교에서는 수기와 치인, 혹은 '수기'와 '안인'이 분리될 수 없다. 수기를 거치면 반드시 치인(안인)을 해야 한다. 부득이 정치에 참여할 수 없는 경우에는 어떻게 하는가? 당연히 교육을 통하여 후진 양성을 해야 한다. 벼슬을 못하더라도 도가처럼 홀로 은거하여 유유자적하는 것이 아니라 후학을 양성하는 것이 군자의 당연한 덕목이다.

『논어』의 첫머리에 보이는 세 가지의 화두 가운데 공자의 기뺨과 즐거움, 맹자의 '군자삼락(君子三樂)'에 포함된 '천하의 영재를 얻어 교육하는 것'은 역설적으로 정치에 참여하여 뜻을 펴지 못한 군자의 외로움과 의지를 드러낸 것이다. 맹자가 군자삼락을 제기하면서 전후 두 차례에 걸쳐 "왕 노릇 하는 것은 여기에 포함되지 않는다."라고 강조한 것 또한 교육자로서 위정자 역할을 대체하겠다는 뜻으로 이해할 수 있다.

공자의 생애를 통해서 보면 30대부터 제자를 받기 시작하고 잠시 고국인 노나라에 벼슬한 적이 있지만, 대부분의 시간을 후진 양성에 전력을 다하였다. 비록 남들이 알아주지 않아도 언짢아하지 않으면서 인류 최초의 대중교육자로서의 임무를 천명으로서 받아들인 것이다. 공자는 50대에 "천명을 알았다."라고 술회한 바 있다. 맹자는 "하늘이 장차 큰 임무를 주려는 사람에 대해서는 마음을 동요시켜 본성을 단련시킨다."라고 하였다. 순자의 표현을 빌리자면, "삼밭의 쑥은 도와주지 않아도 곧으며, 깊은 산 속의 난초는 사람이 없어도 향기를 그치지 않는다."라는 것이다. 어쩌면 유가의 철인들은 교육을 통하여 후대의 혁명을 기대한 것이리라.

순자의 이해

순자는 전국시대 조나라 출신이다. 그의 사적에 대해 역사책에 기록된 내용은 아주 간략하다. 가장 믿을 만한 『사기열전(史記列傳)』과 기타 자료에 근거해 추론해 보면, 맹자 사후 10여 년 뒤에 태어나 활동하였다. 춘추 말(기원전 551년)에 태어난 공자와 맹자의 차이가 150여 년임을 감안하면 상대적으로 인접한 시기다. 그러나 주요 활동 시기는 맹자가 전국 중기였고, 순자는 전국 말이다. 이처럼 맹자와 순자는 직접적인 사승관계는 없지만 공자를 높이면서 평생의 스승으로 존경하였다.

순자는 어려서부터 총명하고 이상이 높았으며, 15세에 조나라를 떠나서 제나라 직하에 유학하였다고 한다. 공자가 15세에 "배움에 뜻을 두었다."라고 했던 말이 연상된다. 당시 제나라는 제후국 가운데 비교적 강대국이었으며, 전국칠웅 가운데에서도 선두권에 속하였다. 제선왕은 자신의 패권적 지위를 유지하고 정치적 영향력을 확대하기 위해서 수도를 지금의 산동성 지역에 위치한 임치의 서문(직문)으로 옮겨 학궁을 설치하고, 천하의 명사와 학자들을 초빙하여 그들이 자유롭게 학문을 논의하고 정치에 대해 비평할 수 있도록 보장하였다. 전국시대 맹자를 비롯한 대부분의 학자들은 여기에서 논쟁을 통하여 자신의 입장을 정립시켰는데, 순자는 직하학궁(稷下學宮)의 최고 책임자인 좨주(祭酒)를 세 차례 역임한 것으로 알려졌다.

순자는 공자와 마찬가지로 치국평천하의 포부를 일관되게 펼칠 수 있기를 바랐지만, 당시 군주들의 신임이나 중요한 지위에 오르지 못하고 생전에는 자신의 정치적 이상을 제대로 실현해 보지 못하였다. 아쉽게도 순자가 그린 천하통일의 설계도는 비록 방법에서 차이가 있었지만, 그가 세상을 떠난 뒤 진나라의 대일통의 군현제국가의 성립으로 이루어졌다. 한대에 이르러서는 동중서를 비롯한 지식인들에게 순자의 치국방안이 결정적으로 영향을 미치게 되었다. 이와 같이 그의 생애와 당시 열국을 돌면서 유세한 내용으로 미루어 볼 때, 순자가 끝까지 유가임을 자처한 것은 결코 근거 없는 것이 아님을 알 수 있다.

철학의 방법론을 합일(종합)과 비판(분석)의 두 가지로 대별해 볼 수 있다. 합일의 방법론은 개별과학처럼 어느 특정한 부분만을 선택적으로 문제 삼는 것이 아니라, 인간과 자연의 여러 문제들을 하나의 전체적인 안목을 통해서 고찰하기 때문에 종합적 특성을 지닌다. 반면에 비판의 방법은 현실에 대한 일상적이고 상식적 설명에 그치는 것이 아니라 예리한 비판과 추론을 통해 문제의 핵심을 파고들기 때문에 분석적 특성을 지닌다. 사상가에 따라서, 혹은 동서철학의 주안점에 따라서 이러한 두 가지 측면이 다르게 강조되었을 뿐 어느 한 쪽이 일방적으로 효과적이거나 옳은 것은 아니다.

비판은 합일을 전제로 한다

합일과 비판이라는 철학의 두 가지 방법론은 유학에도 그대로 적용할 수 있다. 특히 선진 유가의 공자와 맹자 및 순자철학에 이 두 가지 범주는 상당히 의미 있는 적용이 가능하다. 주지하는 것처럼 인간과 자연에 대한 견해를 예로 들어본다면 비록 양자가 포괄하는 천과 인의 내포와 외연이 반드시 일치하는 것은 아님을 전제로 하더라도, 맹자는 합일의 측면이라고 한다면 순자는 비판의 측면에 서 있다는 점에 별로 이의가 없을 것이다. 그러나 합일은 언제나 비판을 전제로 하는 것이고, 비판은 합일을 위한 방법론이다. 이러한 특성은 특히 순자의 사상체계에 두드러지며, 오늘날 우리가 순자철학을 다시 고찰하고자 하는 이유도 여기에 있다.

순자는 자신의 일정한 논리체계에 근거하여 공자 이래 제자백가의 학문에 대하여 거의 예외 없이 비판하면서 동시에 제자학을 집대성하였다. 합일과 비판으로서의 두 가지 방법론은 순자에게 별개의 문제가 아니었다. 그것은 모두 머지않아 다가오는 통일을 위한 필수불가결한 방법론이었기 때문이다. 당시 정치적으로나 사상적으로 분열된 쟁론은 극복되어야 할 과제였다. 따라서 순자의 사상체계에서 두 가지 측면이 경우에 따라서는 모순처럼 보이고, 유가의 맹자와 상당한 노선 차이가 보이기도 하지만 자신은 공자를 계승한 유가임을 자처하였다. 비유적으로 말하면 순자는 둘에 만족하지 못한 사상가였다.

동서철학사에서 순자에 대해서만큼 세인의 평가가 엇갈리는 경우는 드물다. 순자는 맹자와 마찬가지로 공자의 정통 계승자임을 자임하고, 나아가 자사와 맹자를 유가의 정통에서 어긋난다고 비판하였다. 그러나 역사적 전개과정에서 보면 순자는 맹자에 비해 상대적으로 이단시되었다. 우리나라의 경우 성리학(주자학)이 정통이 된 조선에도 그러하였으며, 이 점은 오늘날에도 일정한 영향을 미친 듯하다. 흔히 맹자와 순자를 성선설과 성악설로 대비시켜 양자의 철학적 특징을 부각시킨다. 그러나 맹자의 성선설은 물론이려니와 순자의 성악설은 본질적 문제가 아니라 인간에 대한 이해에서 비중을 달리한 표현일 뿐이다.

오늘날 유교의 의미는 무엇인가? 현대과학이 빛의 속도로 발달하더라도 인간이 우선이기에 종교와 철학을 배제할 수 없다. 최근의 통계청 자료에 의하면 우리나라 전체 인구의 절반이 넘는 55퍼센트가 종교인이다. 그럼에도 불구하고 우리나라의 무종교 비율이 세계에서 가장 높은 것으로 나타났다. 이것을 개인의 삶에 적용한다면 이성적 합리성보다는 종교성과 감각적 본능에 따라 생활하는 비중이 높다는 의미가 된다. 아무리 종교가 영향력이 있더라도 인간의 주체성은 당위적으로 매몰될 수 없다. 이렇게 본다면 우리의 실존적 삶에서 종교, 과학, 인간의 어느 한 측면을 배제한다면 당면한 문제를 해결할 수 없을 것이다. 이러한 세 측면을 아우르는 것이야말로 유교의 현실주의와 인문주의의 장점이다.

왜 순자를 다시 읽어야 하는가?

순자철학은 한마디로 분석과 비판을 전제로 궁극적으로 인간과 자연의 통일, 인간의 자연성과 인위성의 통일을 지향한 것이 특징이다. 순자철학의 범주에 있어서 천(天)과 인(人), 예(禮)와 법(法), 명(名)과 실(實)의 통일은 종교, 인간, 과학의 통일이라는 의미를 지닌다. 순자는 대립적인 철학 범주들을 둘로 나눔에 머무르지 않고 일관되게 합일을 추구하였으며, 방법론적으로 말한다면 '셋에 능하고자' 하였다. 이 점에서 본원 유교의 전개 과정과 특히 순자철학은 노사분규, 지역갈등, 남북통일 등당면한 우리의 갈등 해결에서도 시사하는 바가 크다.

하나, 둘, 셋의 삶

　아이는 세상에 나오면서부터 운다. 아이가 울지 않으면 호흡
이 안 된다 하여 엉덩이를 때려서라도 울린다. 그런데 아이는
왜 우는 것일까? 아파서일까? 물론 아픔은 본능일 테니 그렇다
치자. 그런데 탯줄을 끊을 때의 아픔은 어떨까? 아무래도 산모
가 더 큰 아픔과 고통을 느낄 것이다. 그런데 아이는 정말 아파
서 우는 것일까? 때리지 않아도 갓난아이가 우는 것을 보면 아
마도 아이의 가장 큰 아픔은 엄마와 떨어지는 상황일 것이다.
탯줄을 통하여 엄마와 일체화된 상태에서 탯줄로 이어진 아이
는 오로지 '하나'만을 아는 자연의 도인이었다.

　갓난아이에게 현실의 나눔은 둘이라는 숫자를 알게 하시만,
이것은 새로운 환경에 대한 두려움과 고통의 시작이 된다. 그러

기에 우는 아이는 어미 품에 안겨 젖을 빨게 하면 편안한 모습으로 변한다. 이제는 불안한 가짜 도인인 셈이다. 언제든지 다시 둘로 나뉠 수 있기 때문이다.

만일 엄마와 아이를 나누지 않는다면 어떻게 될까? 당연히 모두의 생명이 위험해질 것이다. 그것도 자연의 섭리라고 말한다면 어쩔 수 없겠지만, 현재 우리의 삶을 기준으로 한다면 자연스럽지 못한 것이다. 동물의 세계에서 보면 새끼를 낳으면서 자연스럽게 탯줄이 끊어지고, 잠시 뒤에 새끼가 일어나 움직이는 모습을 볼 수 있다. 아주 오랜 옛날, 사람들의 출산 과정 또한 오늘날의 방식과는 많이 달랐을 것이다. 현재에도 아프리카 어느 부족의 여인네는 출산 무렵이 되면 숲에 들어가 구덩이를 파고 스스로 아이를 낳고 탯줄을 자른 다음 곧바로 걸어 나온다고 한다.

아이가 엄마에게서 나와 둘이 되는 과정은 필연적이다. 그러나 아이가 처음부터 모든 것을 둘로 인식하기 어렵다. 그러기에 모든 것을 먹는 것으로 알고, 입으로 가져가고, 심지어는 손가락도 빨게 된다. 아이가 먹을 것과 먹어서는 안 될 것을 구분하고, 자연스럽게 여러 가지를 두 가지로 구별할 수 있게 되려면 엄마의 수많은 잔소리와 함께 "떼찌!"라는 말에 익숙해야만 가능하다. 이 또한 자연이 아닌 엄마 입장에서 강요한 셈이다.

아이가 살아남으려면 자신과 엄마, 네 것과 남의 것, 먹을 것과 못 먹을 것 등을 나눌 수밖에 없다. 여기에서 본래 도인이었던 아이는 또 한 번 좌절을 겪는다. 세상의 모든 것이 둘로 나뉘기 때문이다. 둘에 익숙해질수록 엄마와 주위의 칭찬이 뒤따른다. 이제는 기저귀를 차지 않아도 되고 일부러 재롱을 떨기도 한다. 그러나 아직도 엄마와 떨어지면 불안하기에 모든 것을 의존하게 된다. 아직 삶이 둘이라는 것을 모르고, 철을 모르는 '철부지'이기 때문이다.

아이가 자라면서 엄마를 떠나 친구를 알게 되고, 자기 집을 벗어나 보기도 하면서 자연스럽게 셋이라는 숫자를 알게 된다. 철이 들게 되는 것이다. 이런 의미에서 보면 우리는 모두 일단 철인인 셈이다. 하나와 둘과 셋을 모두 알게 되면 이른바 성인으로서 독립을 하고 주위를 배려할 수 있는 경지에 이른다.

삶의 현실에서 보면 우리는 하나로 살 때도 있고, 둘로 살 때도 있으며, 셋으로 살아야만 할 때가 있다. 하나로 살 때는 도인이고, 둘로 살 때는 철부지이고, 셋으로 살 때는 철인이다. 우리는 대부분 나누기에 너무나 익숙하기 때문에 철부지로 산다. 둘로 나뉜 상태에서는 상대에 대한 의존은 부득이한 것이다. 또한 둘이라는 조건은 비교의 전제가 된다. 좋은 것과 나쁜 것, 남자와 여자, 엄마와 아빠 등이다.

의존과 비교를 전제해서는 절대적 자유를 얻을 수 없다. 아침에 눈을 뜨면서부터 우리는 모든 것을 나누어 보고 비교하면서 희로애락을 느끼게 되기 때문이다.

『장자』의 첫머리에 붕새의 우화가 실려 있다.

북쪽 바다에 곤이라는 물고기가 있었는데, 어느 날 붕새가 되었다. 그 크기가 얼마나 큰지 구름을 드리운 것과 같았다. 붕새가 남쪽 바다로 날아가기 위해서 준비하는 것을 본 매미와 뱁새들이 비웃었다.

"우리는 옆에 있는 나무로 옮겨갈 때도 지치는데 그렇게 멀리 어떻게 갈 수 있겠는가?"

장자가 보기에 커다란 붕새의 뜻을 작은 동물이 알 수 없으며, 붕새가 그들보다 상대적으로 자유로운 경지에 있다. 다만 아직 날지 못하는 이유는 날개가 너무나 커서 태풍이 일지 않으면 이륙할 수조차 없다는 것이 문제다.

멍청하기가 어렵다

우리의 현실은 장자의 말하는 '절대 자유'의 경지에서 노닐 수 없는 노릇이다. 사실 바람을 기다리는 붕새 또한 절대 자유의 경지에 있는 것은 아니다. 둘로 나누지 않는다면 우리는 아무것도 인식하지 못하고, 말도 할 수 없고, 어떠한 행동도 하기 어렵다. 그러나 도인으로 살기 어렵다고 해서 언제나 철부지로서 둘로 나누기에 급급할 필요가 있을까? 나누는 순간부터 우리는 아름다움과 추함, 착한 것과 악한 것, 좋은 것과 나쁜 것 등을 구분하는 가치판단을 시작하고 집착과 번뇌를 피할 수 없게 된다. 그런데 우리는 분별력이 없는 사람을 흐리멍덩한 '멍청이'라고 칭한다.

2009년 향년 98세로 타계한 현대 중국의 최고 석학이자 국보로 평가되는 지셴린(季羨林)은 평생 검소한 생활로 유명하다.

그의 고백에 따르면, 평생 "진리는 나눌수록 분명해진다."라는 믿음을 가졌지만 말년에는 "진리는 나눌수록 모호해진다."라는 것을 깨달았다고 한다. 또한 유쾌한 삶을 위해서는 ①사람과 자연의 관계, ②사람과 사람의 관계, ③자신의 사상과 감정의 관계를 원만히 처리해 할 수 있어야 하며, 그렇지 못하면 고뇌에 빠진다고 충고하였다. 이것은 놀랍게도 순자의 자연과 인간관계를 정리한 '능삼(能參)'과 완전히 일치되는 관점이다. 많은 중국인은 그를 존경하여 '난득호도(難得糊塗)'의 경지에 오른 인물로 평가한다. 그런데 "멍청하기가 어렵다."라는 뜻의 이 사자성어에는 흥미로운 일화가 있다.

청대 건륭 연간 문인이자 서화가로 유명한 정섭(판교)은 관료로서 재직 중 청백리로서 백성의 사랑을 받았지만 권문세가의 모함을 받아 파직되었다. 어느 날 정판교는 운봉산에 올라 고래의 석각을 감상하다가 날이 저물어 작은 초가집을 찾아 유숙하게 되었다. 주인은 자칭 '멍청한 사람'이라는 노인이었다. 정판교는 집안에 있던 아주 커다란 벼루를 보면서 시야가 확 트이는 느낌이 들었다. 대화를 나누던 중 노인이 벼루에 한 구절 남기기를 청하자, 정판교는 노인의 자호가 범상치 않음을 느끼면서 다음과 같이 글을 쓴 후 노인에게 발문을 청하였다.

"멍청하기가 어렵다."

그러자 노인은 다음과 같이 적었다.

"좋은 돌은 얻기 어렵고, 거친 돌을 얻기는 더욱 어려우며, 좋은 돌로부터 거친 돌로 바뀌기는 더더욱 어렵다. 좋은 것은 안에 있고 거친 것은 밖에 있기 때문에 야인의 초가집에 감춰지고 부귀한 가문에 들어가지 못하였다."

겉면은 거칠지만 내면이 매끄러운 벼룻돌에 자신의 처지를 비유한 것이다.

정판교는 이에 크게 놀라면서 남은 여백에 다시 글을 남겼다.

"총명하기 어렵고, 멍청하기는 더욱 어려우며, 총명하면서 멍청한 것으로 바뀌기는 더더욱 어렵다. 집착을 버리고 한 걸음 물러나면 곧 마음이 편해지니 나중에 복을 받기 위한 것이 아니다."

벼룻돌에 빗대어 노인의 범상치 않은 처세를 비유한 말이다. 여기서는 총명이 하나, 멍청함이 둘, 총명에서 멍청함으로 바뀌는 것이 셋이 된다.

노자는 "도를 행하면 날로 덜어가게 되고 학을 행하면 날로 늘려가게 된다."라고 하였다. 총명이란 경우에 따라서 나누기를 잘하여 모든 것을 늘려가는 것에 불과하다. 반면에 바보 멍청이가 자연스럽게 웃을 수 있는 이유는 모든 것을 나누지 않고 자연 그대로 보기 때문이다.

개인의 삶이란 결국 나눌 때도 있고 그렇지 않을 때도 있다. 현실적 삶의 방식을 우리말로 표현한다면 ①'혼, 둘, 셋' ②'하나, 두울, 세엣' ③'하아나, 두우울, 세에엣'의 세 가지가 된다. ①은 도인, ②는 철인, ③은 성인의 삶과 철학이라고 할 수 있다. 그러나 자연의 입장에서 가치의 우열을 나누기는 어렵다. 다만 '혼'으로 산다는 것은 하나로 살면서도 둘, 셋을 안다는 것이고, '두

울'로 산다는 것은 둘로 살면서도 하나와 셋을 안다는 것이며, '세에엣'으로 산다는 것은 셋으로 살면서도 하나와 둘을 동시에 안다는 의미로 쓰고 싶다.

철학에서의 하나, 둘, 셋

역사는 삶의 역사며 동시에 개인의 역사이기도 하다. 역사의 진행 과정은 개인의 삶과 과정과 유사한 점이 많다.

사람의 인식이라는 측면에서 본다면, 하늘(신)에서 인간으로 다시 인간으로 객관으로 무게 중심이 바뀌어 왔다. 학문으로 표현한다면 종교에서 철학에서 철학으로 과학으로 전이된 것이다.

동양철학으로 말하자면 신 중심의 예 관념에서 인간 중심의 예로, 다시 법으로 무게 중심이 바뀌게 된다. 서양철학과 마찬가지로 이러한 무게 중심의 이동 과정은 일단 발전이라고 평할 수 있겠지만, 한편으로는 불가피한 혼란이 수반되고 경우에 따라서는 유사한 방식으로 되풀이되기도 한다. 서양에서는 신 중심에서 벗어난 소크라테스, 플라톤, 아리스토텔레스의 철학이 있었지만 다시 중세의 암흑기로 접어들게 되었듯이, 동양에서도 공자를 비롯한 제자백가의 철학을 거치고 법가에 이르렀지만 다시 모든 것을 천과 연계시키는 한대의 철학이 출현하였다. 어찌 보면 이것도 하나, 둘, 셋의 철학의 표현이라고 할 수 있다.

역사의 세 가지 순환

한대의 동중서에 의하면 각 왕조는 천명을 받아서 수립되며 달력과 복색 등의 제도를 바꾸어 천의에 따른다고 한다. 이것이 이른바 흑색, 백색, 적색이 순환한다는 삼통설(三統說)이다. 정월이 바뀐다는 점에서 삼정설(三正說)이라고도 칭한다. 예컨대 하왕조는 인월(寅月, 음력 1월)을 정월로 삼아 흑색을 높였고, 은왕조는 축월(丑月, 음력 12월)을 정월로 삼아 백색을 높였으며, 주왕조는 자월(子月, 음력 11월)을 정월로 삼아 적색을 높였다는 것이다. 일종의 역사순환론인 셈이다.

한대의 공양학파에서는 공자가 지은 것으로 알려진 『춘추』 필법을 삼과(三科)와 구지(九旨)로 설명한다. 이에 대해서 몇 가지 설이 있다.

공자는 역사 서술에서 ①직접 본 것, ②직접 들은 것, ③전해 들은 것을 구분하고, 혹은 ①하대, ②은대, ③주대라는 시대적으로 멀고 가까움을 구분하며, 혹은 공자의 고국인 ①노나라, ②기타 중원국, ③오랑캐를 구별하여 용어 선택과 비판의 강도를 가감했다는 관점이다. 따라서 삼과는 ①장삼세(張三世), ②존삼통(存三統), ③이내외(異內外)의 세 가지로 보기도 하고, 구지는 삼과를 각각 세 조목으로 세분하는 설과 서술의 상세함과 소략함 혹은 친소원근을 표시하는 것이라는 설이 있다.

아무튼 역사관과 역사 서술에서 셋으로 나누어 정리하는 방식이 유서가 깊은 것임을 확인할 수 있다.

불교의 세 가지 화두

우리나라에서 성철 스님의 화두로 유명해진 "산은 산이요, 물은 물이다."로 시작되는 명제는 본래 남송 시기의 승려 보제가 편집한 『오등회원(五燈會元)』에 있는 것이다. 선가에서는 흔히 ①선을 닦기 전에는 "산은 산이요, 물은 물이다."라고 하고, ②선을 닦을 때에는 "산은 산이 아니며, 물은 물이 아니다."라고 하며, ③선을 이룬 뒤에는 "산은 여전히 산이요, 물은 여전히 물이다."라고 한다고 설명한다. 성철 스님을 비롯한 선가의 화두를 설명한다는 것은 그야말로 무의미한 일이다. 그렇지만 철학적으로는 다양한 설명은 가능할 것이다.

인식론의 측면에서 본다면 ①은 감각적 인식에 기초한 현상적 분별이고, ②는 반성적 인식에 기초하여 자연의 변화를 반영한 분별이고, ③은 인식의 주체와 대상의 현실적 양태를 반영한 것이다. 또한 앞서 제시한 하나, 둘, 셋의 논리를 적용할 수도 있을 것이다. ①은 산과 물을 둘로 나누는 철부지의 상태고,

②는 산과 물의 구별의 넘어서는 철인의 단계며, ③은 분별과 무분별을 넘어서는 성인의 경지인데, 결국 세 가지를 하나로 통합한다면 도인의 경지라고 할 수 있을 것이다.

『오등회원』에는 이 명제와 관련된 이른바 '황룡삼관(黃龍三關)'이라는 일화가 여러 차례 보이는데, 송대의 승려인 황룡 혜남은 항상 세 가지를 묻는 것으로 사람을 가르쳤다고 한다.

"사람마다 태어나는 인연이 있는데, 어떤 것이 네가 태어난 인연인가?"

"내 손이 어떻게 부처의 손과 비슷한가?"

"내 다리가 어떻게 나귀의 다리와 비슷한가?"

그러나 대답하는 사람이 있어도 황룡은 옳고 그름을 말하지 않고 눈을 감았다고 전한다. 아마도 하나와 둘, 그리고 셋의 구분과 합일은 그야말로 부득이한 방편에 불과하기 때문이었을 것이다.

세 사람의 철인

희랍 시기의 소크라테스, 플라톤, 아리스토텔레스가 대표적 철학자로 알려졌듯이, 선진 시기의 공자, 맹자, 순자는 유가의 대표적 철학자다. 그러나 서양과 달리 유가의 경우 직접적 사승 관계는 없다. 오히려 당시 제자백가의 대표로는 거의 동시대에 활동한 노자, 공자, 묵자를 들어야 할 것이다. 흥미로운 점은 앞서 말한 하나, 둘, 셋의 철학은 이상의 철학자에게 각각 적용할 수도 있다는 점이다.

『열자』에 흥미로운 일화가 실려 있다.

초나라의 왕이 사냥을 나가서 활을 잃어버렸다. 이에 신하들이 허겁지겁 활을 찾고자 하였지만 결국 실패하자 왕이 말하였다.

"초나라 사람이 주워서 쓸 텐데 그만두어라."

이 말을 전해 들은 공자는 그 말에서 '초나라'를 빼면 좋겠다고 하였다고 한다. "사람이 사용하다가 잃어버려 다른 사람이 주워서 쓰면 된다."라는 의미다. 만일 노자가 공자의 말을 들었다면 어떻게 반응하였을까? 아마도 그 말에서 '사람'을 빼면 좋겠다고 하였으리라. "자연에서 얻은 것을 자연으로 돌려보내면 된다."라는 뜻으로 말이다. 반면에 묵자가 공자의 말을 들었다면 "사회적 약자가 먼저 주워서 써야 한다."라고 하였을 것이다. 유가의 예악을 부정하고 평민의 이익을 대변하기 때문이다.

최근의 연구에 따르면, 공자에 조금 앞서 노자가 활동하고, 묵자는 공자보다 약간 늦은 것으로 알려졌다. 각각은 후대에 도가, 유가, 묵가의 개조로써 정립되듯이 서로 다른 특성이 분명하게 드러난다. 이들이 동양 고대철학을 대표하는 셋이며 이들을 나누기도 하고 궁극적으로 종합한 철학자가 순자다.

우리에게 익숙한 천지인 삼재의 도는 『주역』에서 음양(陰陽), 강유(剛柔), 인의(仁義)를 가리키며, 64괘(6효)는 각각 세 가지를 모두 겸한 것이다. 물론 태극기에 보이는 3효로 이루어진 네 가지 8괘에도 각각 삼재의 도가 반영된 것인데, 이것을 다른 말로 표현한다면 천시, 지리, 인화라고도 할 수 있다. 철학적으로 범주화한다면 시간, 공간, 인간의 셋이 된다. 그러나 인간과 자연으로 나눈다면 둘일 것이요, 자연이라는 입장에서 보면 모든 것이 하나일 것이다.

노자는 "도에서 하나가 나오고, 하나에서 둘이 나오며, 둘에서 셋이 나오고, 셋에서 만물이 생성 변화된다네."라고 노래하였다. 1949년 일본의 물리학자 유카와 히데키(湯川秀樹, 1907~1981)는 노벨상 수상 인터뷰에서 이 구절에서 중간자이론의 힌트를 얻었음을 고백한 바 있다. 대립하는 둘이 존재하기 위해서는 제 삼의 무언가를 전제하지 않을 수 없기 때문이다. 미래에 우리나라에서 과학 분야의 노벨상 수상자가 나온다면 인문학적 소양을 지닌 과학자가 아닐까?

물리학에서 말하는 중간자는 인문학에서 인간 상호관계의 사랑이라고 할 수 있을 것이다. 동양철학에서 셋은 단순히 3이라는 숫자에 불과한 것이 아니라 여럿을 의미하기도 하고 부분이 아닌 전체, 혹은 일차적 완성을 일컫는다.

"세 사람이 길을 가면 반드시 나의 스승이 있게 된다."라는 공자의 말도 그러한 의미에서 비롯된 것이다. 묵가의 논증 방식인 '삼표'(三表)나 순자 철학의 핵심인 '능삼'(能參) 또한 이와 마찬가지다.

묵가의 삼표는 삼법(三法)이라고도 하는데 자신들의 주장을 펴거나 다른 학파의 명제를 비판할 때 적용하는 세 가지 기준을 말한다. 또한 능삼은 '능참'으로도 읽으며 천·지·인 세 가지의 통일을 의미하기도 하고, 인간이 천지자연의 법칙을 이용하여 자연을 극복한다는 논리이다. 이에 대한 자세한 설명은 '묵가의 명실론'과 '순자의 자연과 인간'을 서술하는 부분에서 다루기로 한다.

동양철학의 개념들

도(道)와 덕(德)

"도에 관심이 있습니까?"

길을 가거나 서점에서 동양철학 관련 책을 보고 있을 때 심심치 않게 듣는 질문이다. 그럴 때마다 피식 웃고 만다. 최근에 발굴된 죽간본 『노자』에는 '도'라는 글자가 사거리를 본 뜬 '행'(行)이라는 글자 사이에 사람(人)이 서 있는 모양으로 되어 있다. 사람이 네 방향의 어느 쪽으로도 갈 수 있는 상황을 형상화한 것이다. 『장자』에는 다음과 같은 우화가 실려 있다.

"이른바 도가 어디에 있습니까?" 동곽자가 장자에게 물었다.

"없는 곳이 없습니다." 장자가 대답했다.

"구체적으로 말해 주십시오."

"땅강아지나 개미에게 있습니다."

"어찌 그리 하찮은 데 있습니까?"

"가라지나 잡초에도 있습니다."

"어찌 더욱 하찮은 걸 말씀하십니까?"

"기와장이나 벽돌에도 있습니다."

"더욱 심한 예를 드는군요."

"똥이나 오줌에도 있습니다."

이에 동곽자가 더 이상 대꾸하지 않자, 장자는 "선생님의 질문은 본질에 미치지 못한 것입니다."라고 지적하고 부연 설명하였다. "도가 어디에 있는가?"의 질문은 먼저 "도가 무엇인가?"의 문제가 전제되어야 한다. 우리는 흔히 도란 개념을 성인과 군자와 연계시키고 있다. 그러나 장자의 대답에서 알 수 있듯이 도는 사람에게만 있는 것이 아니라 자연 모든 것에 내재한 법칙이다.

이삿짐을 싸려면 크고 작은 포장지가 필요하듯이 인간이 우주자연의 만물을 인식하고 분류하기 위한 기준이 필요한데 철학에서는 이것을 범주라고 말한다. 도는 인간과 자연을 포괄하는 범주다. 서양에서는 '로고스(Logos)'라고 칭하며, 언어, 이성, 사유, 법칙 등의 의미를 내포하고 있다. 동양철학에서의 '도' 또한 마찬가지다. 예컨대 『도덕경』 첫머리에는 "말(道)로 표현할 수 있는 도는 진정한 도가 아니다."라는 말이 있다. 그렇지만 현실적 삶을 전제한다면 언어로 표현하지 않을 수 없다. 그러기에 노자 자신도 정확한 명칭은 모르지만 '도'라는 글자를 쓰고 억지로 '대(大)'라고 이름 붙였을 뿐이라고 고백하였다.

도는 성인과 군자에게만 국한되는 것이 아니다. 예컨대 장자는 백정에게도 도가 있다고 한다. 포정이라는 백정이 칼을 갈지 않은 이유는 수년 간 소를 잡으면서 축적된 경험을 통해서 뼈와 살 사이의 틈으로 칼을 집어넣을 수 있었기 때문이었으며, 그것이 바로 백정의 도라고 지적한다. 이처럼 장자 우화에 등장하는 주인공은 사회적 약자인 경우가 대부분이다.

우리가 사유할 때에는 전체와 부분의 구별이 전제된다. 이삿짐을 하나로 운송할 때는 커다란 차도 필요하지만, 각각의 물건을 포장할 때 작은 포장지도 필요한 것과 마찬가지다. 동양철학에서 말하는 덕이 여기에 해당한다. 희랍철학에서는 이것을 '아레테(Arete)'라고 하는데 우리말의 '다움'을 뜻한다. 예컨대 플라톤은 "땔나무에는 땔나무의 덕이 있고, 술에는 술의 덕이 있다."라고 했다. 결국 덕은 개별 사물의 기능이나 특성을 의미하며, 개별 사물의 도라고 칭할 수도 있다. 물론 사람에게도 각각 '다움'이 있으므로 덕이 있게 된다. 따라서 '사람답다.'라는 말을 사람의 덕을 말하는 것이고, '너 답다.'라는 말은 '너의 특성'을 가리킨다. 결국 덕은 도가 개별 사물에 내재한 것이라고 할 수 있다.

때로는 지칭하는 개념의 범위에 따라서 도와 덕은 혼용될 수도 있다. 공자의 '사람다움'과 소크라테스의 "너 자신을 알라."라는 명언은 모두 자연(신)으로부터 독립된 인간의 특성과 주체성을 자각한다는 의미를 지닌다.

동양이나 서양에서의 도와 덕은 전체와 부분을 구분하는 범주의 하나로서 가치중립적 개념으로 결코 난해한 것이 아니다. 그렇다면 오늘날 우리가 사용하는 도와 덕이 어째서 윤리와 연계되고 있는가? 이것은 유교의 인간중심주의 영향이다. 동서양을 막론하고 도와 덕은 사람에게만 제한된 것이 아니었지만, 유교에서는 무엇보다 인간의 도덕을 강조하기 때문이다. 공자에 의하면 사람이 도를 넓히는 것이지, 도가 사람을 넓히는 것이 아니다. 무엇보다 인간의 주체성을 강조하는 말이다. 우리가 '도'를 난해한 개념으로 생각하는 이유는 철학자와 고전에 따라 사용하는 주안점이 다르기 때문이다. 유가의 도가 있듯이 도가의 도가 있으며 묵가의 도가 있다. 심지어 유가 가운데에서도 공자, 맹자, 순자의 도가 구별되는 경우도 있다. 순자에 의하면 도란 하늘의 도가 아니고, 땅의 도도 아니며, 사람의 도이자 군자의 도다. 덕의 개념 또한 이와 마찬가지로 더욱 다양한 의미로 확대될 수 있다.

공자는 무도한 자를 살해하겠다는 계강자의 말을 들었을 때, 군자와 소인의 덕을 바람과 풀로 비유하여 "풀 위에 바람이 불면 풀은 반드시 눕는다."라고 하였다. 여기서 소인은 물론 백성을 의미하고 덕은 사람의 덕이며 특성을 뜻한다. 무엇보다 정치지도자의 솔선수범을 통하여 백성을 교화하는 것이 우선임을 강조한 것이다.

유가와 도가의 개념 사용의 차이를 볼 수 있는 좋은 예가 있다.

어떤 이가 공자에게 물었다.

"덕으로 원한을 갚으면 어떻습니까?"

공자가 대답하였다.

"덕은 무엇으로 갚을 것인가? 원한은 정직으로 갚고, 덕은 덕으로 갚는 것이다."

여기서 덕은 당연히 사람의 덕이며 구체적으로 본다면 '은혜'의 뜻을 담고 있다. 그런데 "덕으로 원한을 갚는다."라는 말은 본래 『노자』에 보이는 말이다. 이 말을 공자가 부정한 것을 감안하면 노자가 좀 더 관용적인 것처럼 보인다. 실제로 양자의 철학적 입장에서 보더라도 그럴 듯하다. 그러나 여기서 '덕'은 유가에서처럼 인간관계 사이의 도덕적 의미가 아니라, 개별 사물의 자연적 특성이나 기능을 의미한다. 따라서 이 말을 노자식으로 해석한다면 "상대방의 특성에 따라 원한을 갚는다."라는 뜻이 된다. 공자의 "원한은 정직으로 갚는다."라는 말보다 무서운 말이다.

유가에서 보면 마땅히 미워해야 할 것은 미워해야 하며, 마땅히 사랑해야 할 것은 사랑해야 한다. 맹자의 사단 가운데 수오지심(羞惡之心)은 '자신의 잘못은 부끄러워하고, 남의 잘못은 미워하는 마음'이며, 이것을 확충시켜 드러나는 것이 의라는 덕이다. 현실사회에서 우리는 마음에서 우러나오든 가식적이든 '사랑'이라는 말의 홍수 시대에 살고 있다. 심지어 "원수를 사랑하라."라는 말도 있다. 기독교에서의 '박애'와 같은 종교적 이념에서 보면 당연한 것으로 여길 수 있지만, 현실적으로 실천하는 데 있어서 쉽지 않은 일이다. 오히려 마땅히 미워할 것에 대해 자신의 이해관계 때문에 망설이고 묵인하는 경우가 보통이고 심지어 그것이 '현명함'으로 여겨지기도 한다.

유가적인 '사랑'은 무차별적인 것이 아니다. 인간과 자연(천, 상제)을 구분하고, 인간관계 중에서도 부자, 형제, 부부의 가족 규범을 최우선으로 한다. 또한 부모를 사랑한(親親) 다음에 일반 사람을 사랑하며(仁民), 이것이 사물을 사랑하는(愛物) 데 미칠 수 있다고 본다. 가족 안의 사랑이 전제되지 않은 사랑은 허위의식이라 보기 때문이다. 그러기에 "나의 어른을 어른으로 공경한 다음에 다른 어른을 공경할 수 있고, 나의 어린애를 보살핀 다음에 남의 어린애를 보살필 수 있다."라고 한다.

인(仁)과 예(禮)

인간은 사회는 물론 자연을 벗어나서 살 수 없다. 그러나 인간은 단순히 자연의 품에 안주하는 것이 아니라 상호 대립하기도 하고 극복하고자 한다. 이러한 노력은 인간 자체의 자연성과 인위성에서도 그대로 적용되며, 이러한 과정을 통틀어 '문화(文化)'라고 칭한다. 서양에서 '문화(culture)'의 어원은 본래 라틴어 'cultura'인데, 이것은 첫째 토지의 개간과 작물의 재배를 뜻하고, 둘째 인간 자신에 대한 개발과 수양을 뜻한다. 서양에서는 대체로 이러한 관념에 기초하여 자연(성)과 인위(성)의 '관계'보다는 '구분'에 주목하고, 나아가 이것은 육체와 영혼, 개인과 사회의 관계에서도 양자를 대립적으로 파악하는 계기가 되었다.

한자에서 '문(文)'은 본래 인위적 '꾸밈'이나 '수식'을 의미한다. 또한 '변화(變化)'라는 단어에서 '변'은 외형이나 양적으로 달라짐을 가리키며, '화'는 내용이나 질적으로 달라짐을 가리킨다. 음양론적으로 '화'는 음에서 양으로, 혹은 나쁜 것에서 좋은 것으로 바뀐 것이다. 물론 이것은 인간의 입장에서 그렇다는 것이다. 결국 문화는 인간의 입장에서 자연을 개조한 것이며, 이에 대비되는 것은 '바탕'으로서의 '질(質)'이 전제된다.

유교에서는 '문'과 '질' 어느 한 쪽으로 치우치는 것을 경계하고, 양자의 어우러짐을 이상적인 것으로 본다. 공자는 "질이 문을 이기면 야인처럼 되고, 문이 질을 이기면 사관처럼 된다."라고 하였다. 너무 꾸미지 않으면 야인처럼 되고, 지나치게 꾸미면 사관처럼 된다는 말이다. 이러한 논리는 '구분'보다는 '관계'에 주목하고, 서양과는 상대적으로 육체와 영혼, 개인과 사회의 구분보다는 양자의 조화나 일체성을 강조하는 계기가 되었다. 이러한 관계를 유교 윤리에 적용시킨다면 인과 예 개념이 된다.

인과 예의 두 가지 개념은 공자 이전부터 있었다. 인은 본래 '사랑'이라는 의미다. 『노자』에서는 '천지와 성인은 불인(不仁)하다.'라는 말이 보이는데, 여기서 '불인'은 사랑하지 않는다는 뜻이다. 사랑이란 이미 미움과의 구분을 전제로 한 것이고 따라서 '사랑하지 않는다.'라는 것은 역설적으로 '미워하지 않는다.'라는 의미다. 천지자연과 성인은 사물을 둘로 나누어 차별하지 않는다는 주장이다. 이렇게 보면 사랑하는 본래의 주체는 신이나 자연이었다. 마치 엄마가 아이를 사랑하는 것과 같다.

예는 본래 인간이 신에게 올리는 제사 등의 의식을 가리킨다. 자연과 신의 사랑을 구하는 것이다. 비가 와야 농사를 지을 수 있을 때 고대인은 당연히 기우제를 지낸다. 인간이 주체가되어 신의 사랑을 구하는 의식이다. 만일 기우제를 지내지 않고 저수지와 제방을 만들어 가뭄과 홍수에 대비한다면 어떻게될까? 아마도 신이 노여워할 것이다. 마치 어린아이가 부모 몰래 딴 주머니를 찬 것과 같기 때문이다. 따라서 역사적으로 인문의식의 시점을 판단할 때 언제 저수지를 만들어졌는가를 살펴보는 일이 중요하다. 신에 의존하는 기우제보다는 인간의 의지와 노력을 전제로 하는 것이기 때문이다. 우리나라에서는 삼국시대에 만들어진 것으로 추측된 것으로 김제의 벽골제, 제천의 의림지, 밀양의 수산제, 상주의 공검지 등이 있다.

공자로부터 인과 예는 인간 중심적인 개념으로 바뀌게 된다. 그러기에 유교에서는 "인(仁)은 사람다움(人)이다."라고 한다. '다움'은 '덕'이며 특성이나 기능을 의미하는 것이므로, '사람다움'이라는 용어가 나온 것은 신(자연)과 독립된 인간의 특성을 자각하였음을 반증한다. 결국 유교에서는 사람이 사람다운 것은 사랑이며, 사랑할 줄 모르면 사람이 아닌 것이 된다. 주체와 대상뿐만 아니라 구체적 의미에서도 이전의 개념과 차이가 난다.

공자 이전의 인은 신(자연)이 인간을 배려한다는 의미가 되지만 이제는 인간 상호 관계의 사랑이라는 의미로 전환된다. 마치 엄마 품에 안겨 있는 상황에서는 아직 사랑을 몰랐지만, 이제는 아이가 엄마와 독립된 자신의 특성을 인식하고 나아가 친구와 사랑하는 것과 같다. 예의 개념 또한 이전의 인간이 신이나 자연에 대한 사랑을 구하는 의식에서 벗어나 인간 상호 관계에서 사랑의 꾸밈(형식)이라는 의미로 확대된다. 그러나 자연에서 인간이 구분되는 것과 마찬가지로 바탕이 있고 난 다음에 꾸밈이 있게 된다. 『논어』에는 다음과 같은 공자와 자하(子夏)의 선문답이 실려 있다.

"예쁜 웃음에 보조개가 예쁘고, 빛나는 눈에 눈동자가 선명하구나! 흰 비단(바탕)에 채색을 한듯하네!'라는 노래가 무엇을 말하는 것입니까?"

"그림 그리는 일은 흰 비단(바탕) 다음이다."

"예가 다음입니까?"

"나를 일깨우는 자가 너로구나. 이제 더불어 시를 논할 수 있겠구나."

공자의 제자인 자하가 인용한 시는 현존본 『시경』에는 없지만, 당시 유행하던 노래였을 것이다. 내용상으로 보면 여자의 아름다운 얼굴을 그리고 있는 것인데 공자는 '회사후소(繪事後素)'라고 답하고 있다. '회사'는 본래 '그림 그리다.'라는 뜻이지만 여기서는 꾸밈이나 화장을 가리키며, 그것이 본바탕의 얼굴과 잘 어울렸다는 뜻이다. 이에 자하는 인과 예의 관계로 대체시켜서 예가 인의 다음이라는 깨달음을 얻은 것이고 공자가 이에 동의하면서 칭찬한 내용이다. 형식에 치우쳐 본질을 외면해서는 안 된다. 화장은 '문'이고 바탕(얼굴)은 '질'이라는 면에서 보면 질이 우선한다는 내용이다.

공자는 사랑의 형식으로서 예를 다시 질서(예)와 조화(악)의 두 측면으로 구분한다. 아무리 자식을 사랑하여도 때에 따라서는 회초리를 들어야 한다. 회초리를 드는 것이 좁은 의미의 예라면, 울고 있는 아이를 우선 보듬어주는 것이 악이 된다. 따라서 유교에서의 악은 단순히 음악만을 의미하는 것이 아니라 조화를 표현하는 일체의 형식이 된다. 오례 가운데 가장 질서 지향적인 군례에서도 군악대가 필요한 이유도 여기에 있다. 그러나 여기에도 바탕이 우선이다. 그러기에 "사람으로서 사람답지(사랑하지) 못하면 예(禮)를 어떻게 하겠으며, 사람으로서 사람답지 못하다면 악(樂)을 어떻게 하겠는가?"라고 하였다. 또한 "예라고 말하지만 패물이나 비단옷을 일컫는 것이겠는가? 악이라 말하지만 종이나 북을 가리키는 것이겠는가?"라고 반문한다. 단순히 형식에 치우쳐 바탕(덕과 사랑)을 소홀히 할 것을 염려한 말이다.

『논어』의 핵심적 용어가 인이냐 예이냐는 논란이 있지만, 이상의 내용을 통해 보면 공자철학을 한마디로 요약한다면 '회사후소'라 하여도 무방할 듯하다.

예(禮)와 법(法)

예는 본래 인간이 신(자연)에 사랑을 구하는 의식이었지만, 공자 때부터 인간 사랑의 형식이라는 의미로 바뀌었다. 예는 전통적 관습적으로 사회를 유지하는 규범의 역할을 하던 것이었다. 인간이 자연과 분리되지 않았던 때는 마치 엄마 품에 안겨 있던 어린아이처럼 별도의 규범이 불필요하였다. 모든 것을 신의 의지나 자연에 맡기면 그만이기 때문이다. 그러나 인간으로 무게 중심이 이동되었을 때는 "왜 그러한 규범이나 관습을 지켜야 하는가?"의 문제가 발생하게 된다. 규범의 권위와 정당성의 확보가 필연적으로 수반된다.

공자에 의하면 부모와 자녀, 군주와 신하, 남편과 아내 등 모든 인간관계에서 사랑의 관계가 형성되며, 사랑에는 반드시 형식이 필요하다고 한다. 아무리 상대가 사랑스러워도 그대로 표출할 수 없다. 때로는 화장을 하거나 복장을 단정하게 하며 감정을 조절해야 하고 일정한 형식이 필요한 경우가 많다. 이렇게 사랑의 과정에서 나타나는 꾸밈의 형식이 바로 공자가 말하는 예다. 따라서 공자의 인과 예는 모두 인간의 자발성을 전제하고 있다. 그러나 이러한 이론은 일부 지식인들을 제외하고 당시 사람들에게 수용될 수는 없었다. 적어도 대부분의 일반인은 전통적 미신에서 벗어나지 못했기 때문이다. 그렇다면 급변하는 사회 현상을 정리하는 또 다른 규범이 필요해진다.

법은 관습이나 공자의 자발성에서 비롯된 예를 대체하고자

하는 당시 개혁세력이 주도적으로 내세운 제도다. 현실적으로 누구에게나 적용할 수 있는 성문법이 가장 쉽게 적용할 수 있다고 보기 때문이다. 그러나 일반인에게 법은 공자의 예보다 더욱 이해하기 어려웠다. 공자의 예는 아직도 부분적으로는 이전의 신(자연) 관념과 연계되어 있었기 때문이다. 우리가 법을 이해하고 지키는 것은 초등학교 때부터 지속적으로 사회성에 적응하였기 때문이다. 그러나 고대인들에게는 완비된 교육제도가 없었기에 지식인들을 제외하고는 이해할 수 없었다. 그럼에도 불구하고 열국이 상호 약육강식하는 상황에서 신흥 세력을 중심으로 성문법을 제정하고 사회의 제반 제도를 새롭게 정립하고자 하였다. 이러한 흐름을 '변법'(變法)이라고 하며, 오늘날의 의미에서 본다면 '개혁운동'이라고 할 수 있다. 결과적으로 전국시대 초기까지만 하더라도 가장 후진국이었던 진나라가 변법에 성공을 거두고 전국을 통일하게 된다. 그만큼 변법에 저항하는 기득권세력이 적었기 때문이다.

오늘날에도 안정된 국가가 개혁을 추진하는 과정에서 여러 가지 어려움이 뒤따르는 것을 감안하면, 진나라가 최초로 전국을 통일한 것은 우연한 일이 아니다.

그런데 진나라의 모든 계층이 법을 이해하고 실천한 것은 아니다. 당시 법을 만들어 세금을 거두는 과정에서 납세의 의무가 있는 일반인들 입장에서 보면 세법이 무엇인지 이해할 수 없었다. 결국 강제로 무력을 사용하여 세금을 징수할 수밖에 없는 상황이 벌어지게 된다. 이에 따라 점점 법치의 본질이 무색해지고 성문법을 획일적으로 적용하면서 무력에 의한 통치가 일반화되었다. 지렁이도 밟으면 꿈틀대듯이 일반인들이 감내할 수 없는 지경에 이르면 폭발하게 된다. 이것이 진나라 말에 일기 시작한 농민전쟁이다. 진나라 말 진승과 오광은 본래 징집영장을 받고 약속된 현장에 가고자 하였다. 그러나 홍수로 인하여 강을 건너지 못하자 현장에 도착해도 처벌될까 두려워 반란을 일으켰다. 결과적으로는 항우와 유방의 주도권 다툼 과정을 거쳐 유방이 한나라를 창업하게 된다.

청대의 왕선겸(王先謙)에 따르면 당나라의 한유가 순자를 "대체로 순수하지만 작게는 흠이 있다."라고 평하고, 송대에 이르러 그를 공격한 학자들이 더욱 많아진 것은 성악설 때문이었지만 그것은 순자의 본뜻이 아니었다고 주장하였다. 사실 순자철학의 기본 범주는 '예'로서 전편을 통하여 삼백여 차례나 보인다.

순자는 맹자와 달리 외면적 규범 내지 형식이라고 할 수 있는 예에 대하여 따로 편을 설정하고, 그것의 기원과 작용 등에 대하여 심도 깊은 논의를 전개하였다. 맹자는 대부분 '인의'를 병칭하였다. 그런데 순자에서는 '예의'가 백여 차례 병칭되는 것에 비해 '인의'는 30여 차례로서 상대적으로 적다. 물론 이러한 차이보다 본질적인 것은 맹자가 인의 내지 예의를 선천적으로 갖추어진 것으로 보고 성선설의 기반으로 삼고 있는 데 비해, 순자가 말하는 예의는 후천적 교화나 학습에 말미암는다는 데 있다.

순자는 인간이 다른 사물과 구별되는 본질을 예의라는 규범과 사회성에서 찾고 있다. 이에 따르면 물이나 불은 기만을 갖고 있으며, 초목은 기와 생명을 갖고 있으나 인식 능력이 없으며, 금수는 인식 능력을 갖고 있지만 사회 규범을 갖고 있지 않으며, 사람만이 유독 그 규범을 갖고 있기에 가장 귀한 존재라고 한다. 또한 힘으로는 소를 이길 수 없고 달리기로는 말을 앞설 수 없지만, 인간이 소나 말을 부리는 이유는 사회생활을 할 수 있기 때문이라고 하였다.

순자가 사회성을 중심으로 인간을 규정하는 것은 동물과의 차별성을 인륜에 두고 사단을 지니지 않으면 사람이 아니라고 보는 맹자와 기본적으로 차이가 있다. 다시 말해서 맹자는 인간을 도덕적인 존재로 보는 데 비해 순자는 상대적으로 사회적 존재임을 강조한 것이다.

순자에게서 무엇보다 주목할 만한 점은 예와 법을 연계시키고 있다는 것이다. 심지어 양자를 일치시키는 경우도 있다. 이것은 비록 그 작용면에서 논의하는 것이지만 양자가 별다른 구별이 없어 보인다. 구체적으로 예와 형(법)을 치국의 두 가지 기본 원칙이라고 본다. 이것은 기본적으로 인간의 성악에 대한 처방에서 비롯한다. 그러므로 선한 이에 대해서는 예로, 선하지 못한 이에 대해서는 형벌로써 다스린다. 또한 "선비 이상은 반드시 예악으로 조절하고 일반 백성은 반드시 법령으로 제어한다."라고 한다. 이것은 그가 기본적으로 공자의 예악 사상에 영향을 받았음을 드러낸다. 비록 공자와 기준은 달랐더라도 정치 윤리적 차별에 근거해야만 정치사회가 안정될 수 있다고 본 점은 동일하다. 예의 내용은 구체적으로 귀천의 구별, 장유의 차이, 빈부 경중의 문제였기 때문이다.

순자는 공자의 정명론을 확대하여, "임금은 임금답고 신하는 신하다우며, 부모는 부모답고 자식은 자식다우며, 형은 형답고 아우는 아우다운 것이 하나며, 농부는 농부답고 선비는 선비다우며, 공인은 공인답고 상인은 상인다운 것이 하나다."라고 하였다.

그런데 이러한 차별 내지 구별은 절대적인 것이 아니다. 따라서 "비록 왕공 사대부의 자손이라도 예의를 따르지 않으면 서인으로 귀속시킨다. 비록 서인의 자손이라도 문학 행실을 쌓아서 예의를 따른다면 경상 사대부로 귀속시킨다."라고 하였다. 예의 구별은 임의로 만드는 것이 아니라 개인의 현능으로 결정되기 때문이다. 순자는 비록 치국의 수단으로 예의와 법도를 병용할 것을 주장하였지만, 예가 법에 비해 효과적인 것으로 본 것이다.

덕치(德治)와 법치(法治)

덕치는 덕에 의한 정치고, 법치는 법에 의한 정치다. 물론 틀린 말은 아니다. 그러나 공자에 의하면 덕치는 지도자의 솔선수범으로 인한 교화를 의미한다. 그러고 보면 정치 아닌 것이 없게 된다. 집안과 사회에서 어른이 먼저 솔선수범함으로써 분위기를 다잡아가는 것은 모두 정치에 해당한다. 그러기 위해서는 당연히 어른과 지도자의 도덕성이 필요하다. 그러기에 군주가 먼저 군주다움(덕)이 있어야만 신하는 신하다울 수 있어서 충성할 수 있고, 부모가 부모다움(자애로움)이 있어야만 자식이 효도한다. 제1장에서 살펴본 이른바 "군군, 신신, 부부, 자자"의 정명론이다. 공자에 의하면, "법령으로 이끌고 형벌로 다스리면 백성이 도망치고 머물지 않으며, 덕으로 이끌고 예로써 다스리면 머물기도 하고 다른 나라 사람들이 몰려들게 된다."라고 하였다. 이러한 점에서 보면 공자의 덕치는 예치와 상통하는 개념이다.

반면에 법치는 그야말로 객관화된 성문법에 의한 정치를 말한다. 다양한 사회 변화를 다양한 개인의 솔선수범으로만 추스른다는 것은 한계가 있기 때문이다. 결과적으로 진나라가 법치로 전국을 통일한 것을 보면 틀림없이 효과적이다. 다만 문제는 인간의 사랑과 자발성을 전제로 하는 것이 아니기에 언제든 경직된 형식 때문에 혼란을 초래할 수 있다. 오늘날 각종 청문회에서 확인할 수 있듯이 도덕성보다 업무능력을 중시하는 인사는 심각한 문제가 있음을 보여준다.

사람은 사회적 동물이기에 자유가 아무리 소중하다 해도 개인의 행위를 제한하는 관습이나 규범이 있어야 한다. 그러나 그것은 인간의 주체성과 자발성을 전제로 해야 한다. 이러한 의미에서 법은 최소한의 윤리다. 우리나라 지도자들은 어떤 문제가 발생하면 "법과 원칙"을 내세우며 객관적 합리적 처리를 강조한다. 이러한 주장은 당연히 이른바 고대 법가의 전제주의가 아닌 현대 민주를 전제로 하는 법치를 가리킬 것이다. 이와 대비되는 유가의 덕치는 고대 법가의 법치와 함께 인치에 포괄되지만, 양자의 본질은 전혀 다르다. 덕치란 무엇보다 지도자의 솔선수범을 뜻하는 것이기 때문이다.

우리나라 정치지도자들이 내세우는 경제민주화나 정치혁신 등의 구호는 모두 법 제도와 관련된 것이다. 그러나 고대나 현대를 막론하고 법치를 강조하다 보면 규범의 전제를 상실할 우려가 있다.

『중용』의 인치는 곧 덕치를 뜻한다. "도는 사람에게 멀리 있지 않다."라는 말처럼, 사람이 도를 행하면서 사람을 배제할 수 없기 때문이다. 사실 오늘날 지도자들이 법치를 강조하는 것은 그것이 제대로 작동하지 못함을 반증하는 것이기도 하다. 그렇다면 그 이유는 무엇인가? 법과 원칙이 없어서가 아니다. 오히려 그것을 운용하는 주체인 사람에게 문제가 많은 것은 아닐까?

중국 고대의 이른바 백가쟁명은 법치를 내세운 진나라에 의한 통일로 귀결된다. 이것은 유가를 포함한 제자백가의 현실적 부조리에 대한 대안이나 통일방안이 당시의 역사적 조건에서 수용될 수 없었음을 의미한다. 그러나 법 관념의 권위와 정당성 확보 또한 유교의 주체성과 도덕성 확보 과정만큼이나 순조롭지 못하였다. 결국 진나라의 법치는 획일적 전제주의로 흘렀고, 진나라의 단명으로 막을 내리게 된다.

유가와 법가의 정치 윤리적 범주인 예와 법은 차별성에 근거한 규범이다. 물론 이러한 차별은 이념적으로 '만민 앞에 평등하다.'라는 전제를 가정하거나 그러한 목적을 실현하기 위한 것이지만, 역사적 사례에서 보듯이 실제 적용하는 것은 어려웠다. 따라서 현실에 맞지 않는 예와 법은 과감히 고칠 필요가 있다. 그런데 이러한 괴리감은 예나 법을 실행하는 주체의 문제에서 비롯되는 경우가 더 많다. 이 경우 법률이나 제도적 보완보다는 실행 주체가 각성해서 괴리감을 해소하는 방법이 효과적일 수 있다. 그러기에 공자를 비롯한 본원유교에서 예와 법을 제정하고 실천하는 '군자' 혹은 '대장부'의 인간형과 수양을 강조하는 이론이 나오게 된다. 또한 진나라 통일 전야에 활동한 순자는 개인적인 욕망을 긍정하면서도 공동체의 윤리를 갖춘 인간형을 군자로 보고, 예와 법의 주체로서 설정하고 있다.

유교에서 "군자의 도는 부부에서 시작된다."라고 하듯이 도는 일반인이 결코 도달할 수 없는 비현실적인 것이 아니다. 오히려 자기 자신이 합리적인 도를 실천하지 못하면 남들은커녕 처자식도 추스를 수 없다고 보기 때문이다. 이러한 측면이 법률이나 제도적 측면보다는 적극적인 역할을 할 수 있으므로 유교의 현대화 과정에서 더욱 강조될 필요가 있다.

왕도(王道)와 패도(覇道)

왕도는 문자대로 하면 '왕의 도'이지만, 고전에서 '왕'이란 글자 자체가 '왕도', '왕노릇하다'의 의미를 담고 있다. '왕노릇'은 단순히 왕의 역할을 한다는 의미는 아니다. 맹자는 "덕으로써 사랑을 실천하는 것이 왕도며, 힘으로써 사랑을 가장하는 것이 패도다."라고 설명했다. 결국 왕도는 법치나 패도와 대비되는 용어로써 공자의 덕치와 같은 의미로 보아도 무방하다. 패도 또한 힘만을 전제하는 것은 아니다.

『맹자』 첫머리에는 양혜왕이 맹자가 찾아왔을 때 "어떻게 우리나라를 이롭게 해주시겠습니까?"라는 물음에 대하여 "하필 이로움을 말씀하십니까? 다만 인의가 있을 따름입니다."라고 대답하였다. 당시 군웅할거와 약육강식의 상황을 감안하면 어느 나라 어느 군주를 막론하고 부국강병책이 관심사일 수밖에 없다. 양혜왕이 말하는 '이로움'은 결국 부국강병책의 다른 표현이다. '부국'은 경제적으로 나라를 부유하게 하는 것이고 주로 농업증산책을 말하며, '강병'은 강력한 군사력을 가리킨다. 따라서 '이로움'이란 패도와도 연계된다. 그러나 맹자가 보기에는 그보다 우선할 것이 왕도였다. 적어도 지도자의 도덕성이 전제되지 않는다면 부국강병도 한계를 지닐 수밖에 없다는 것이 맹자의 입장이었다.

맹자는 패도에 반대하고 왕도를 주장하였지만, 순자는 천하 통일의 방법으로 두 가지를 모두 인정했다. 순자에 따르면 예를 높이고 현자를 높이는 것이 왕도며, 법을 중시하고 백성을 사랑하는 것이 패도라고 한다. 예를 기준으로 말한다면 그것을 완전하게 실행하면 왕도, 불완전하게 실행하면 패도며, 완전히 예를 폐기하면 나라가 망한다고 본다. 따라서 왕도와 패도를 대립적으로 파악하지 않는다.

"왕도는 그렇지 않다(무력으로 사람을 복종시키는 패도와 다르다). 현능한 자를 쓰면서도 불초한 사람을 구제해 주고, 강국이 되도록 힘쓰면서도 약소국에 대해서 관용을 베풀며, 싸우면 반드시 적국을 위태롭게 할 수 있는데도 싸우기를 주저한다. (중략) 그러나 (그것으로 감화를 입지 못하고) 여전히 도리에 벗어난 행위를 한다면 그 나라를 벌주어 멸해 버린다. 그러므로 성왕이 남의 나라를 벌주는 일은 드물었다."

여기서 패도는 왕도를 실현하기 어려울 때 써야 하는 다시 말해 왕도의 보조 수단이다. 따라서 무력보다는 덕(예)으로써 남을 제압하는 것이 우선이다. 무력을 사용하면 끝내 자신이 약해질 수밖에 없기 때문이다. 따라서 겸병은 차라리 쉬운 것이고, 그것을 견고하게 지키는 것이 어렵다고 한다. 당시 제나라가 송나라를 병합할 수 있었지만 끝내는 그 땅을 위나라에게 빼앗겼던 것이 좋은 예다.

순자는 선행 법가에 대하여 다음과 같이 평하고 있다. "(위나라) 성후와 사공은 세금을 거두는 데 능란한 군주였지만, 민심을 얻지 못했다. 정나라 자산은 민심을 얻었지만, 정치를 잘하지 못했다. (제나라) 관중은 정치를 잘했지만, 예를 닦지는 못했다. 따라서 예를 높이는 사람은 왕이 되고, 정치를 잘하면 강하게 되며, 민심을 얻으면 편해지고, 세금을 거두는 사람은 멸망한다." 여기서 순자의 왕도는 예의 실천과 연계된다. 따라서 맹자가 왕도를 정의하면서 "덕으로 사랑을 실천하는 것"이라 한 것과 구별된다.

왕도는 예치고 패도는 법치에 해당한다. 순자는 "공자 문하에서는 아이들까지 오패의 이야기를 입에 담기를 부끄러워한다."라는 말에 대해 해명하고 있다. 환공은 자기 형인 규(糾)를 죽이고 나라를 차지했고 사생활이 사치스러웠으며 무력으로 35개국을 병합했다는 등의 근거를 제시하며, 무도한 점이 있기 때문에 공문에서 그를 내세우지 않는 것은 사실이라고 했다. 그러나 한편으로는 그가 남들이 갖지 못한 커다란 절의가 있었기 때문에 오패의 우두머리가 될 수 있었다고 봤다. 예컨대 자신의 목숨을 노렸던 관중을 미워하기보다는 오히려 재상으로 삼고 중보로 높였다는 점 등이다. 따라서 순자는 환공이 패자가 된 것은 우연이 아니라 당연한 것이라고 보았다.

순자는 신하를 태신, 찬신, 공신, 성신의 네 등급으로 분류하고 관중을 공신의 하나로서 열거하였다. 또한 관중이 환공을 보필한 것은 주공이 성왕을 보필한 것처럼 '대충'이라 할 수는 없어도 '차충'에 해당한다고 하며 결론적으로 관중의 인물됨을 '공에 힘을 쓰고 의에 힘쓰지 않은 것'으로 평가하였다. 이상에서 보면 패도에 대한 순자의 관점은 맹자와는 다르지만 대체로 공자와 같은 것처럼 보인다. 양자가 공통으로 관중이 예의 실천에는 미흡하다고 보면서도 그가 이룬 패업에 대해서는 어느 정도 긍정하고 있기 때문이다.

선왕(先王)과 후왕(後王)

역사관에는 여러 가지 입장과 구별할 수 있다. 따라서 과연 고대 중국의 역사관 분석에 어느 것을 적용하는 것이 효과적인가에 대해서는 이론의 여지가 있다. 여기서는 진보사관과 퇴보사관의 대립으로 보는 견해를 따르기로 한다. 이에 따른다면 퇴보사관의 대표적인 예로서 '상고주의'를 들 수 있다. 상고주의는 가치기준을 시간의 선후에 두고, 옛것이 지금의 것보다 낫다는 관념이 반영된 것이기 때문이다.

'상고'란 옛것을 숭상하는 것, 다시 말하면 고대를 존중한다는 입장이다. 동서양을 막론하고 근대에 이르기까지 상고주의는 일반적 경향이었던 것으로 보이며, 그것은 당시 과학과 역사 조건을 감안한다면 당연한 결과일지도 모른다. 고대인들은 대체로 그들의 전통과 기존의 질서를 존중하였다. 이러한 결과로 일정한 시점의 질서는 역사적 변천을 초월하여 존속되어야 할 것으로 생각하는 보수주의적 경향을 지니고 있었다. 여기서 상고주의는 복고주의와도 연계될 가능성이 있다. 그러나 '상고'가 곧 '복고'는 아니며, 이것은 제가의 입장에서 고대를 이상화하는 방식에 따라서 다양한 형태를 지닌다. 따라서 공자의 '술이부작(述而不作)'은 창작을 망령되게 할 수 없음을 표명하는 것이지, 단순히 창작의 거부로만 볼 수 없다.

전설에 의하면 삼황오제 가운데 마지막 요와 순은 후세에 모범적인 성왕으로 추앙되었으며, 당시 치세를 이상적인 평화

시대로 찬미하였다. 또한 이어지는 하·은·주 삼대를 후세에서는 이상적인 사회로 간주하였다. 구체적으로 요와 순의 선양(禪讓), 탕왕과 무왕의 방벌(放伐), 삼대의 군신관계, 주공의 정치, 주대의 봉건 등은 반드시 역사적 사실이라고 할 수 없으나, 제가에 의해 각기 다른 방식으로 이상화되면서 후세의 정치사상에도 상당한 영향을 주었다.

선진의 제자에 있어서도 고대를 존중히는 의도와 내용에 성도의 차이는 있을지라도 대부분 예외가 아니었다고 생각한다. 물론 예외적으로 한비 등의 법가 계통에서는 이러한 경향을 상당히 불식하고 '변법' 이론을 제기하기도 하였다. 그러나 『노자』에서도 "옛날의 도를 잡고서 현재의 것을 제어한다."라고 하였고, 장자도 "예의법도는 때에 따라 바뀐다."라고 하였다. 중국의 철학자 풍우란(馮友蘭, 1894~1990)에 의하면, 장자의 주장 또한 현재의 변화를 긍정하는 것이 아니라 무위를 기준으로 하는 퇴보적 역사관으로서 노자와 같은 맥락이다. 물론 이러한 경향은 도가의 문명비판 논리로도 볼 수 있으므로 단순히 복고주의로 규정할 수 없을 것이다.

유가의 상고주의는 구체적으로 각각의 선왕관에서 잘 나타나 있다. 맹자에 따르면, 공자는 "요와 순을 조술하고, 문왕과 무왕을 모범으로 삼았다."라고 한다. 또한 그는 평생의 임무를 정명에 두었는데, 이것은 실상 『주례』에 근거한 문물·제도 회복에 최우선 가치를 두었음을 의미한다. 공자는 스스로 고백하기를 "주나라는 하와 은 두 왕조를 본받았으니, 찬란하도다. 그

문화여. 나는 주나라를 따르겠다."라고 하였다.

맹자의 이른바 왕도는 실상 '선왕의 도'로써, 여기서 '선왕'은 하은주 삼대의 이상화된 군주를 의미한다. 그는 "선왕의 법을 따르면서 잘못된 것은 아직 없었다."라고 단언하기도 하고, "성선을 말할 때 반드시 요순을 언급하였다."라고 하여 모든 가치 기준을 선왕의 법에 두고 있음을 보인다. 그러나 여기서 '선왕'이 시간상의 선재라기보다는 이러한 형식으로써 가탁된 사고 속의 '이상형'으로 보아야 할 것이다. 단순히 미화되고 이상화된 과거로의 복귀가 아니다. 특히 그가 당시 양주와 함께 묵적을 비판하는 근거를 바로 '성왕의 도'에 두고 있는 점에 주목할 필요가 있다. "성왕이 일어나지 않아서 제후가 멋대로 날뛰고, 처사가 멋대로 의론하여 양주와 묵적의 말이 천하에 가득하다. 천하의 말이 양주가 아니면 묵적의 말에 의거한다. 양주는 위아(爲我)를 내세우니 이것은 군주를 무시하는 것이며, 묵적은 겸애를 내세우니 이것은 아비를 무시하는 것으로서 금수와 같다." 여기서 맹자는 양주와 묵적이 '성왕의 도'를 정면으로 위배한 것으로 생각했다.

순자의 '후왕'

순자 역사관의 특징을 반영하는 것으로 '후왕'이라는 용어가 자주 등장하면서 상고주의는 상당히 불식되었다. 그가 '후왕'을 강조하여 말하기를 "후왕이야말로 천하의 군주다. 후왕을 버리고 상고를 말하는 것은 제 임금을 버리고 남의 임금을 섬기는 것과 같다."라고 하였다. 여기서 '후왕'이라는 용어 자체는 공자나 맹자에게서는 찾아볼 수 없다. 물론 여기서 말하는 후왕은 현재에서 성왕의 업적을 보려는 수단이며, 그도 역시 유가적 전통에 따라서 '선왕의 도'를 내세우는 경우가 많았다.

순자의 '후왕'은 모든 가치기준을 선왕에 두고 있는 맹자의 입장과는 분명히 구별된다. 순자는 맹자를 자사와 아울러 "대략 선왕을 본받았으나 그 계통을 모른다."라고 비판하였다. 물론 맹자와 순자는 모두 예의를 통한 질서의 확립으로서 주대의 예를 이상화하였다는 점에서는 공통적이라 할 것이다. 다만 순자의 후왕관이 사회와 역사에 있어서 진보설의 반영이라면, 맹자의 선왕관은 관념적 이상에 의한 현실개혁의 보수적 역사관이다. 순자가 말하는 예는 단지 공자가 제시하는 서주의 것만이 아니라, 나아가서는 기원전 3세기 이후 천하 통일 후에 들어서는 새로운 관료적 중앙집권 정부의 기본 사회 질서 전체를 의미하는 것으로 이해되기 때문이다.

순자는 맹자 비판의 논거로 "옛것을 잘 말하는 자는 반드시 현재를 기준으로 한다."라는 것을 내세웠다. 이어서 변합과 부험의 방법을 제시하고 성선설이 이러한 근거를 지니지 못한 것이라 본다. 여기서 변합은 분석과 종합의 방법이며 부험은 현실에 근거해서 징험하는 방법이다.

"군자는 가까운 것을 직접 보고 들어서 먼 데 있는 것까지 알게 된다. 이것은 무슨 까닭인가? 취하는 방법 때문이다. 따라서 천 사람 만 사람의 정(情)이 한 사람의 정과 같은 점을 알고, 천지의 시초가 오늘과 같은 점을 알며, 이전의 여러 왕이 후왕과 같은 점을 안다. 군자는 후왕의 도를 자세히 살핀 다음에 이전의 여러 왕들과 비교해서 논하기 때문에 마치 두 손을 마주 잡듯이 쉽게 논의할 수 있다."

여기서 선왕과 후왕은 통일된다. 이것은 과거와 현재를 단절시켜서 볼 수 없다는 말이다.

순자는 도와 법을 구별하여 "왕자의 제도에 있어 도는 삼대를 벗어나지 않으며 법은 후왕에 어긋나지 않는다."라고 한다. 그렇다면 순자는 법 자체는 현실에 따라 변하는 것이고 도 자체는 불변하는 것이라고 본 것이 된다. 그에 의하면 도라는 것은 하늘의 도, 땅의 도가 아니라 사람의 도다. 인도의 구체적인 표준이 되는 것은 예다. 따라서 예는 형식으로 변할 수 있지만, 인도는 변치 않으며 다만 시대에 따라서 그것을 실행하는 방법이 달라진다고 본다. 그렇다면 이것은 마치 공자가 인과 예를 불가분의 관계로 설정하고 인의 실현태로서 예의 형식적 변용을 인정한 것과 같은 맥락이다.

법가에서의 '모순(矛盾)'

제자백가의 역사관에서 발전적 역사관은 법가에서 찾아볼 수 있다. 한비에 앞서 상앙은 "상고에는 어버이를 어버이로 섬김으로써 나를 사랑하고, 중세에는 현자를 존경하며 인을 즐기고, 하세에는 귀한 자를 귀하게 여기고 관직을 높인다."라고 하였다. 한비는 보다 구체화하여 "상고에는 도덕으로 경쟁하고, 중세에는 지략으로 각축했으며, 지금은 기력으로 싸운다."라고 하고, 또한 상고에는 유소씨가 새나 짐승의 피해를 우려하여 인간의 주거생활을 고안해 내고, 수인씨(燧人氏)는 날 음식으로 인한 질병을 없애고자 불을 만드는 법을 발명하고, 중고에는 곤과 우가 도랑을 내어 홍수를 막았으며, 근고에는 은의 탕왕, 주의 무왕이 난폭한 하의 걸과 은의 주를 정벌했다는 시대상의 발전을 주장하고 있다. 나아가 시대변화의 필연성보다는 과거는 현재에 전혀 쓸모가 없음을 강조한다. 여기서 그의 모순이론이 제기된다.

초나라에 창과 방패를 파는 이가 있었다. 상인은 먼저 창을 들어 보이면서 천하에 뚫을 수 없는 방패가 없다고 하고, 이어서 방패를 들어 보이면서 천하에 막지 못할 것이 없다고 하였다. 이에 구경꾼의 하나가 "그 창으로 그 방패를 찌르면 어떻게 되는가?"라고 묻자 상인은 대답하지 못하였다. 한비에 의하면, 유가를 비롯한 제가에서 숭상하는 전설의 제왕인 요임금과 순임금은 마치 창과 방패의 관계와 같다. 만일 요임금이 성군이었다면 순임금은 특별히 할 일이 없었을 것이므로 성군일 수 없고, 반대로 순임금이 성군이었다면 그 이전의 요임금은 별다른 업적을 남기지 않은 평범한 사람에 불과했을 것이라고 본다. 또한 그들의 시대에 성군과 오늘날의 성군은 기준이 같을 수 없다. 이러한 모순이론은 인간관을 비롯한 그의 전 사상체계의 근간을 이루고 있다.

한비는 또한 유가와 묵가는 선왕의 우연성에 기초하여 인의와 겸애와 같은 비현실적 관념을 제기하였다고 비판하고, 이것을 '수주대토(守株待兎)'의 우화로 비유하였다.

송나라에 한 농부가 하루는 밭을 가는데 토끼 한 마리 도망치다가 밭 가운데 있는 그루터기를 들이받고 죽었다. 그걸 본 농부는 일을 멈추고 그루터기만을 지켜보고 있었다. 그러나 토끼는 오지 않았으며 결국 온 나라 사람들의 웃음거리만 되고 말았다.

따라서 한비는 "옛날과 지금은 풍속을 달리하며, 새것과 옛것은 대비책이 다르다."라고 결론지었다. 이러한 역사관에는 소박하지만 변증법적 사고방식이 담겨 있다. 또한 시대의 변천에 따라 인간은 숫자, 의식주, 생산수단 등의 측면에서 미개에서 문명으로의 과정을 거쳐 왔으며, 그 사이에 정치, 윤리, 법령 등을 새로운 생활에 적용시켜 왔다고 보는 것은 제자백가 가운데에서 독특한 역사관이라고 평할 수 있다.

명(名)과 실(實)

선진의 제자백가는 대부분 명과 실의 범주를 이용하여 자신의 관점을 표출하였다. 기본적으로 명과 실은 개념(명칭)과 그 개념이 반영하는 사물(대상)을 가리키지만, 양자의 개념규정과 상호 관계 등에 따라서 논의의 전개과정이 달라진다. 예컨대 사물의 실재성을 우선하는 것으로 보고 명은 그 사물을 반영한 개념 혹은 명칭으로 보는 경우와 반대로 개념(名分)을 일차적으로 보고 사물을 부차적인 것으로 보는 입장이 있을 수 있다. 이것이 이른바 '명실론'으로서 중국 논리학사상 가장 오래된 문제로 알려졌다.

명실론의 목표는 무엇보다 명실상부, 명실일치다. 선진에서 유가와 묵가를 비롯한 제가는 거의 공통으로 '정명(正名)'을 주장하였는데, 그것은 바로 정치 사회적 상황을 명실의 괴리로 규정하고 그것을 바로잡아 상부시키고자 하는 데서 비롯하였다. 물론 그들이 주로 사용하는 명과 실의 개념이나 일치방법에는 차이가 있으므로, 하나의 동일한 용어를 사용하더라도 내용이 반드시 일치하는 것은 아니다.

유가(공자, 맹자, 순자)는 일관되게 정명론을 통하여 명을 강조하고 있다. 피상적으로 본다면 실보다 명을 일차적으로 내세우는 점에서 분명 유심론적인 일면을 갖고 있다. 그러나 유가에서 사용하는 명의 의미는 주로 명칭(개념)이 아니라 명분이다. 하나의 개념에 이미 가치론적인 의미가 담겨 있다. 따라서 인식의 대상 또한 일반 사물보다는 정치 윤리적 선악 분별의 문제에 제한되는 경우가 많다. 이 점은 유가뿐만 아니라 중국철학 전반의 대체적인 특성을 보여주는 것으로 생각한다.

도가(노자, 양주, 장자)에서는 명보다 실이 근원적이고 일차적인 것으로 본다. 명이 가리키는 의미가 명칭이든 명분이든 무명의 입장에서 보면 모두 인위성의 산물이기 때문에 부정될 수밖에 없다. 명실론의 입장에서 본다면 도가철학은 유가나 법가의 가치론에 대비되어 사실 문제에 관심을 집중시키고 있다. 물론 가치를 부정하고 있지만, 가치 자체를 도외시한 것은 아니다. 가치론이 지닌 필연적인 한계, 다시 말하면 이론 체계상 이념의 정당성과 권위를 확보하는 과정에서 오히려 전제를 왜곡하는 상황을 비판한 것으로 보기 때문이다. 중국 철학사의 전개 과정에서 볼 때 유가와 법가가 시대에 따라서는 본래의 전제를 벗어난 점을 감안한다면 이에 대한 도가의 비판은 정당하다.

묵가철학은 중국 고대철학에서 매우 특이한 위치를 차지하고 있는 것과 마찬가지로 명실론의 측면에서도 제가와 다른 특성을 보인다. 묵자는 참다운 인식은 실제에 근거해야 하며, 단순히 명에 의지하면 실제의 효용과 작용을 얻을 수 없으며, 이러한 가명이 결국 정치 사회적 혼란을 야기한다고 본다. 단순히 명이나 실, 어느 한 쪽에 치우치지 않는다. 이러한 입장은 이론과 실천을 통일적으로 파악하고자 하는 삼표(三表)로 구체화된다. 묵가는 자신의 논의를 증명하거나 다른 학파의 주장을 비판할 때 반드시 세 가지 기준에 근거하였다. 그것은 ①역사 기록, ②실제 경험, ③국가와 백성의 이익 유무다.

묵가는 특이하게도 귀신을 논증하면서도 운명론을 부정한다. 삼표에 근거한다면 역사 기록이나 당시인의 실제 경험에서 증명될 뿐만 아니라 국가와 백성에게도 이익이 되므로 귀신은 반드시 존재한다. 귀신은 상벌을 행하기에 집단 운용의 효율성에서도 필요한 것이기 때문이다. 반면에 '운명'은 역사 기록은 물론 실제 경험으로 확인할 수 없을 뿐만 아니라 노동자 계층의 입장에서 본다면 유리할 것이 없다. '운명적으로 노동자라면 어느 누가 적극적으로 노동을 통하여 자신의 처지를 개선하고자 노력하겠는가?'라고 반문한다. 이러한 논증에 일부 무리가 있고 경험주의적 한계를 보이는 것은 사실이지만 당시 역사 수준에서 볼 때 대중의 경험과 자기 집단의 이익을 전제하고 있다는 점에서 긍정적인 측면이 있다.

순자의 자연과 인간

　우리가 안고 있는 자연과 우주에 대한 경외와 관심은 인간이 철학이라는 학문을 갖게 된 동기였다. 고대인들은 여러 가지 환경의 제약과 생활방식으로 인하여 자연에 대한 탐구보다는 우선 경외의 심정을 지닐 수밖에 없었다. 그리고 자연의 혜택이 내리면 감사의 감정과 아울러 그것을 숭배하기도 하였다.

　어린아이가 엄마 품에서 아늑함을 느끼는 것은 하나로 느끼기 때문이다. 마찬가지로 상고시대에 사람이 자연이나 신의 품에 안겨 있을 때는 별다른 고민이나 갈등이 없었을 것이다. 모든 것이 자연과 신의 뜻이기에 주어지는 현실에 순응하면 그만이기 때문이다. 때에 알맞게 비가 내리면 농사를 지으면서 감사의 제사를 드리고 간혹 홍수가 나거나 가뭄이 들면 신의 노여

움으로 생각하고 제사를 올리게 된다. 어린아이가 배고프면 울 거나 엄마에게 재롱을 떨듯이 말이다.

동서양을 막론하고 상고시대 국가나 권력자는 전쟁이나 제사 같은 큰 행사가 있을 때는 먼저 점을 쳐서 신의 뜻을 물었다. 신정일치 혹은 제정일치시대기에 당연한 일이기도 하지만, 전쟁에서 패했을 때 최고 권력자의 책임을 모면하려는 방책이었다. 동양에서 가장 오래 된 글자인 갑골문은 본래 점치는 글이었다. 종이가 없었으므로 거북이 등딱지나 짐승의 뼈에 글을 새긴 것이다. 글의 내용은 대체로 첫머리에 날짜를 나타내는 간지를 새기고 상제(帝)에게 묻는 형식을 취한다. 그런데 은대 말엽에 이르면 '상제'라는 글자가 '천(天)'으로 대체된다. 따라서 '천'의 본래 뜻은 '상제(하느님)'였다. '천'이라는 글자가 보이기 이전에는 '천'과 '인'을 대비시키는 용례는 보이지 않는다. 그만큼 인간과 자연(신)을 구분하지 않았음을 의미한다. 마치 엄마 품에 있는 어린아이의 모습을 연상시킨다.

순자에서 인간과 자연의 관계는 '천인상분(天人相分)'으로 알려졌다. 실상 순자 사상이 '천인상분'으로 특징지어진 데에는 고대철학에서 인간과 자연의 분리라는 철학사적 의미부여가 강조되었기 때문이다. 그러나 이렇게 순자에서의 인간과 자연의 관계를 일면적으로 이해하는 것은 하나의 철학체계에서 볼 때 상당한 문제가 파생될 수 있다. 상분은 합일을 도모하기 위한 것이고, 합일은 상분을 전제로 한다고 보기 때문이다. 반면에 맹자는 '천인합일'이라는 용어를 적용하고 있지만, 진심(盡

心) → 지성(知性) → 지천(知天)의 논리로부터 천도가 인도와 상통하는 것으로 이해될 뿐이다. 맹자의 성선설은 여기에서 추론된 것이다. 만일 순자의 '천인상분'이 그의 철학체계에서 본질적인 문제였다면 성악설 또한 자연스러운 추론이라고 할 수 있다. 그러나 순자는 천인 관계를 단순히 분리하는 데 그치는 것이 아니라 인간이 그것을 이용하고 개조하여 양자를 통일시킬 수 있는가에 초점이 맞추어져 있다. 마찬가지로 그의 인간 이해에서 무엇보다 중요한 것이 본성을 변화시키는 것임을 고려한다면 성악설은 부차적 문제일 뿐이다.

자연의 개조

순자는 천을 객관 존재의 자연계 자체로 본다. 또한 인간을 포함한 천지 만물은 실재하는 물질이며 각종 사물은 모두 물질세계의 일부분이다. 즉 "만물은 도의 일부분이며, 일물은 만물의 일부분이다."라고 한다. 천(자연)의 운행이란 많은 별이 서로 돌고, 해와 달이 교체하여 밝으며 사시가 차례로 운행하며 음양이 부단히 변화하며 풍우가 널리 퍼져서 만물이 각각 적당한 조건을 얻어 성장하며 각각 필요한 자양분을 얻어서 성숙되는 과정을 가리킨다. 순자는 나아가 우주 만물의 구성을 해석하여, 기가 천지 만물의 본원이며, 천지 만물은 기로 구성되지 않은 것이 없으며 구성요소에 따른 차이가 있을 뿐이라고 했다. 예컨대 물과 불은 기로만 구성된 것이지만, 초목은 기와 생명을 가진 것이며, 금수는 기와 생명과 인식능력을 갖고 있고, 사람은 기와 생명, 인식능력과 예의를 갖고 있기에 가장 완전한 존재다.

천과 인의 구분에 밝으면 지인(至人)이라고 한다. 여기서 '분'은 직분의 분이며, 분별의 의미다. 우주 자연과 인간사회는 각각의 직분과 기능이 있어서, 천도가 인사를 주재하지 않으며, 인사 또한 천도에 관여하지 못한다는 주장이다. 여기서 천은 자연적 물질적 천일뿐만 아니라 자기운동을 하며 일정한 법칙을 갖고 있다. 순자의 자연관이 반영된 「천론」의 첫머리는 "하늘(자연)에는 일정한 법칙이 있다."라는 대전제에서 시작하고 있다. 또한 "천은 상도를 갖고 있고, 땅은 상수를 갖고 있다."라고 한다. 여기서 '도'는 운행과 변화의 규칙이라는 뜻이며,. '수'는 필연성을 의미한다. 결국 천지 자연계는 각기 고유하고 일정한 법칙성과 필연성이 있다. 따라서 천지자연의 법칙은 사람의 의지와 무관하다. 예컨대 계절의 변화와 토지의 원근은 모두 객관적 사실이다. 사람이 추위를 싫어한다 해서 겨울이 없어지지 않으며, 사람이 먼 거리를 싫어한다 해서 거리가 줄어드는 것이 아니라고 한다. 이것은 천지의 의지를 배제한 것으로 비록 명시적인 것은 아니지만, 묵가의 천귀관을 비판한 것으로 보인다.

고대인들은 일식, 월식, 유성, 운석 등 자연현상의 출현과 가뭄이나 홍수 등 자연재해에 대해 괴이하게 느끼고 두려워하여 재화가 내릴 징조라고 생각하기도 하였다. 순자에 의하면 그것은 천지 음양의 변화로서 드물게 나타나는 현상일 뿐이므로 괴이하게 여기는 것은 좋지만 두려워하는 것은 잘못이다. 비록 기우제를 지내서 비가 오는 경우가 있다 하더라도 그것은 우연일 뿐이며, 자연법칙에 따라서 비가 내릴 조건이 되었기 때문이다. 일식이나 월식이 있을 때 행사나 가뭄을 해결하기 위한 기우제, 나아가 복서(卜筮)를 통해서 국가적으로 큰일을 처리하는 것은 반드시 그렇게 된다고 믿어서가 아니라 문화행사일 뿐이다. 따라서 군자는 그것은 꾸밈(文)으로 간주하지만, 일반 백성은 신비스럽게 여긴다고 본다. 이렇게 순자가 당시인의 관습적 행사를 배척하기보다는 문화행사로서 긍정한 것은 묵가에서 당시 구성원들 대다수가 미신하던 천귀 관념을 이용하였던 것과 같은 맥락이다.

순자는 천인상분의 관점에 근거하여 당시 유행하던 각종 미신 관념을 비판하였다. 귀신 관념이 유래하게 된 원인을 사물을 관찰할 때 주변의 불안정한 상황으로 인해 외물이 분명하게 드러나지 않는 데 있다고 분석한다. 예컨대 캄캄한 밤길을 가는 사람은 돌덩이를 보고서 호랑이가 엎드려 있다고 생각할 수 있고, 길가의 나무를 보고 사람이 서 있다고 착각할 수도 있는데, 이것은 어둠이라는 것이 사람의 이목을 혼란시키기 때문이다. 귀신 관념 또한 이러한 상황에서 유래하는 데 순자는 이와 관련하여 아주 생동감 있는 예를 들고 있다.

하수의 남쪽에 어리석고 겁이 많은 연촉량이라는 사람이 있었는데, 하루는 밤길을 가다가 자신의 그림자를 보고 귀신이 엎드려 있다고 생각하고 자신의 머리카락이 비치는 것을 보고

서는 괴물이 서 있다고 생각하여 등을 돌려 달아나다가 자기 집에 도달할 무렵 기절하여 죽었다.

이러한 일화를 통하여 순자는 귀신이 있다고 여기는 관점은 대개 우매무지에서 비롯되는 것임을 시사하고 있다. 이것은 묵가에서 적극적으로 귀신의 존재를 증명하고 정치 윤리적 근거로 삼았던 것과는 완전히 상반된다.

순자는 당시 유행하던 관상술에 대해서도 비판하였다. 관상은 사람의 겉모습에 근거하여 사람의 귀천, 길흉, 화복을 판단하는 방식이다. 순자는 우매한 사람만이 관상쟁이를 칭찬하며 그들의 기만적인 술수를 믿고, 학문한 사람은 그러한 것을 믿지 않는다고 보았다. 왜냐하면 사람의 형체나 기색은 자연적 속성이며, 사람의 귀천화복은 사회적 속성이어서 양자가 필연적 인과관계는 없기 때문이다. 순자에 의하면, 성현 가운데 요임금, 문왕, 공자는 키가 컸지만, 순임금, 주공, 자궁은 키가 작았다. 특히 공자의 얼굴은 흡사 우스꽝스러운 탈을 쓴 것 같았으며, 문왕의 아들 주공은 죽은 나무를 베어 놓은 것처럼 등이 굽었다고 한다. 반면에 폭군으로 악명이 높은 걸왕과 주왕은 본래 키도 컸거니와 외모 또한 호남형이었다는 것이다. 그들이 결국 죽임을 당하고 나라가 패망한 것은 용모 때문이 아니라 그들이 보고 들은 것이 적고 논의의 수준이 낮았기 때문이었다.

순자는 "하늘의 운행은 일정한 법칙이 있어서 요임금을 위해서 존재하지 않으며 걸왕 때문에 없어지는 것이 아니다."라 하였다. 요임금은 순임금과 더불어 유가에서는 성군의 대명사로 지칭될 정도며, 비록 전설이지만 천자의 지위를 세습하지 않고 덕이 있는 순에게 양위하였다. 순임금 역시 세습이 아니라 우에게 양위하였으며, 이러한 제도를 선양이라 한다. 맹자는 이것을 천자의 지위를 주고받은 것이 아니라 천명이 작용한 것이라고 설명하였다. 다만 천은 말을 하지 않기 때문에 행사로써 보여주었을 뿐이라고 한다. 이것은 물론 공자의 "하늘이 어찌 말을 하겠는가?"라는 입장을 충실한 반영한 것이다. 반면에 하대의 걸왕은 은대의 주왕과 더불어 폭군의 대명사로 지칭될 정도다. 당시 일반 백성은 폭군에 대한 저주로써 하늘을 원망하는 일이 비일비재하였다. 그러나 순자가 보기에는 요임금과 같은 성군이든 걸왕과 같은 폭군이든 그들의 존재와 정치적 치란(治亂)은 하늘의 운행과는 직접적인 관계가 없다.

순자는 다음과 같이 말한다.

"치란은 하늘에 달린 것인가? 일월성신이 운행하는 것은 우임금과 걸임금의 때가 마찬가지지만, 우임금 때는 안정되고 걸임금 때는 어지러웠으니 치란은 하늘에 달린 것이 아니다. 때에 달린 것인가? 봄여름에 만물이 성장하고, 가을 겨울에 거두어져 보관되는 것은 우임금이나 걸임금 때가 마찬가지지만, 우임금 때는 안정되고 걸임금 때는 어지러워졌으니 치란은 때에 달린 것이 아니다. 그렇다면 땅에 달린 것인가? 땅을 얻으면 살고 땅을 잃으면 죽는 것은 우임금이나 걸임금 때가 마찬가지지만, 우임금 때는 안정되고 걸임금 때는 어지러워졌으니 치란은 땅에 달린 것이 아니다."

말하자면 하늘, 때, 땅 등 자연계의 조건이 사회혼란의 원인이 될 수 없다. 치란은 위정자가 자연적 조건에 따라서 어떻게 다스리는가에 달렸다. 천은 사람의 길흉화복을 주재할 수 없고, 사람의 빈부귀천을 결정할 수 없다고 본다. 사람이 근본(농업)에 힘쓰고 쓰임을 절약하면 하늘은 사람을 가난하게 할 수 없고, 먹을 것과 입을 것을 갖추고 때에 알맞게 행동하면 하늘은 사람을 병들게 할 수 없다. 이처럼 천인상분은 천을 미신하지 않고 인간의 능력을 발휘하여 자연을 개조함으로써 인간을 위해서 사용하자는 것이다.

순자에 의하면, "하늘을 높이고 사모하기보다는 사물을 길러 제어하는 것이 나으며, 하늘을 따르고 칭송하는 것보다는 천명을 제어해서 이용하는 것이 낫다."라고 했으며, "하늘에는 때가 있고, 땅에는 재물이 있으며, 사람은 그것을 다스릴 수 있는 능력을 갖고 있다. 대저 이것을 일러 '능삼'이라 한다."라고 했다. 여기서 '삼'은 천지인 삼재의 셋을 가리킨다. 셋을 통일적으로 파악해야 한다는 주장이다. 학자에 따라서는 인간이 천지자연을 조절하고 자신의 주관 능동성을 발휘한다는 뜻에서 '능참'으로 읽기도 한다. 말하자면 사람은 자연계의 주인이 될 수 있는 능력을 갖고 있는데, 그것은 첫째 객관적으로 존재하는 천시의 변화와 토지의 자원을 개조할 수 있는 것이고, 둘째 합리적 사회질서를 건립할 수 있다. 순자는 이처럼 인간과 자연의 단순한 분리가 아니라 합리적인 통일을 지향한다.

"사람의 힘은 소보다 못하고 달리기는 말보다 못하지만, 소나 말을 부릴 수 있는 것은 무엇 때문인가. 사람은 사회를 이룰수 있지만, 저들은 그럴 수 없기 때문이다. 사람은 어떻게 사회를 이루는가? 분별이다. 분별은 어떻게 행해지는가? 예의다. 따라서 예의로써 분별하면 조화롭고, 조화로우면 통일되며, 통일되면 힘이 세지고, 힘이 세지면 강해지며, 강해지면 사물을 이길 수 있게 된다."

여기서 순자가 말하는 분별의 목적이 결국은 자연을 극복하고 사회적 통일을 이룩하는 데 있었음을 알 수 있다. 묵가에서 천귀 관념이 이른바 10대 주장의 근거가 되었던 것처럼 순자의 천인상분은 순자철학의 토대라고 할 수 있다. 그렇다면 구체적으로 인간 자체의 자연성은 어떻게 처리할 것인가? 여기서 순자는 다시 인간의 자연성과 인위성을 구분하기에 이른다.

본성의 변화

자연계가 객관적 존재임을 긍정한 순자는 이어서 사람 또한 자연계의 일부로서 산출된 것이라고 지적한다. 구체적으로는 자연계의 작용으로 사람이 형체를 지니게 되고, 형체로부터 정신을 지니게 되며, 희로애락 등의 감정이 깃들게 된다고 한다. 흥미로운 점은 순자는 인식기관을 설명하면서도 분리와 통일이라는 도식을 그대로 적용한다는 점이다. "귀, 눈, 코, 입, 신체는 각각 접촉하는 대상을 갖고 있지만 서로 간섭할 수 없는데, 이것을 천관이라 한다. 마음은 한가운데 빈 곳에 있으면서 오관을 다스리는데, 이것을 천군(자연의 군주)이라 한다." 말하자면 감각기관이 서로 관통하지 않기에 오관을 통괄하는 것이 필요하며, 그것들이 얻은 감각을 종합하는 것이다. 이러한 종합적 감관이 마음이다. 그것은 자연계의 직접적 산물이면서 군주처럼 오관을 다스리기에 천군이라 한다. 이처럼 순자는 인간의 감각기관과 사유기관을 분리하고 각각의 역할을 분담시키고 있다. 그런데 천관의 작용이 사람마다 크게 어긋난다면 객관적 근거가 될 수 없다. 순자는 이에 대하여 "무릇 같은 류, 같은 상황에 대해 천관이 그 대상을 인식하는 방식이 같다."라고 설명한다. 사람은 형태, 빛깔, 무늬는 눈으로, 단맛, 쓴맛, 짠맛 등은 입으로 느끼는 방식이 같다는 뜻이다.

인식 과정에서 오관의 역할만으로는 동이 분별에 있어서 혼란이 야기될 수 있다. 순자는 마음의 작용을 제시하여 "마음이 작용하지 않으면 흑백이 앞에 있어도 보이지 않고 우뢰가 옆에서 울려도 들리지 않는다."라고 하였다. 마음은 오관을 통제하고 오관이 받아들인 감각자료를 분석하고 종합하는 기능을 한다. 따라서 "마음은 육체의 군주요, 정신의 주체다. 명령을 내리며 다른 명령을 받지 않는다."라고 하였다. 입은 억지로 말을 시킬 수 있고 다물게 할 수도 있으며 육체도 억지로 구부리거나 펴게 할 수 있지만, 마음은 천관을 주재하는 것이므로 다른 기관이 좌우할 수 없다. 이러한 의미에서 마음은 '천군'의 역할을 한다. 이렇게 오관이 수용한 감각자료를 바탕으로 반성하고 추리하는 인식능력을 '징지(徵知)'라고 하였다.

순자에 있어서 성(性), 정(情), 욕(欲)은 모두 자연적인 것으로 상호 연계되고 있다. 이것은 오관(천관)의 작용이기 때문이다. 반면에 심의 사려와 그것을 축적하는 과정은 인위적인 것으로 규정된다. 순자에 있어서 마음은 천관의 자연적 기능에 대한 인위적 작용이며, 성은 천관의 자연성을 의미한다고 할 수 있다. 이렇게 생명의 자연적 욕구에 의거하여 성을 말한다면 선이라고 말할 수 없다고 본다. 따라서 순자는 「성악」편의 첫머리에서 "사람의 성은 악한 것이고, 그것이 선해지는 것은 위(僞)다."라고 하여 양자를 대비시키고 있다. 여기서 '위'는 인위라는 뜻이며 곧 문화다. 보다 구체적으로, "배울 수 없고 일삼을 수 없는 것으로 사람에게 있는 것을 성이라 하고, 배워서 능할 수 있고 일삼아 이룰 수 있는 것으로 사람에게 있는 것을 '위'라 한다. 이것이 성과 위의 구분이다."

순자가 말하는 성은 선천적 자연성으로 모든 사람이 같지만, 위는 후천적 인위성으로서 사람마다 차이가 날 수 있다. 인위성에는 천관에 대한 마음의 주재처럼 객관적인 예의와 사법이 포함된다.

"성이란 선천적으로 이루어진 것으로 배우거나 일삼을 수 있는 것이 아니다. 예의란 성인이 만든 것으로 인간이 배워서 능하고 이룰 수 있는 것이다. 따라서 성이 없으면 위를 가할 데 가 없고, 위가 없으면 성은 스스로 아름다워질 수 없다. 성과 위가 합일된 후에 성인의 이름을 이룰 수 있고 천하를 통일하는 공도 여기서 비롯된다. 따라서 말하기를 '하늘과 땅이 합일되어 만물이 생(生)하고, 음과 양이 교접하여 변화가 일어나며, 성과 위가 합일되어 천하가 다스려진다.'라고 한다."

이처럼 순자에게 성과 위는 그 구분에 그치는 것이 아니라 상호 의존적이며 통일적인 존재다. 마치 천지나 음양의 상분과 합일에서 만물의 생성변화가 일어나는 것처럼 인간의 현실적 삶은 '성위지합'을 통해서 질서와 조화를 이룰 수 있다. 이것이 이른바 '화성기위(化性起僞)'로서 자연성을 그대로 방치하는 것이 아니라 인위적으로 개조하여 합일시킨다는 논리이다. 그래야만 진정으로 문화인이 된다는 것이다.

공자의 계승자임을 자처한 순자의 주장은 「예론」과 「악론」에 잘 반영되었는데, 이 두 편의 주제는 인간의 자연스러운 성정을 어떻게 조절하여 현실 정치 사회의 안정을 도모하는가에 있다. 순자의 「천론」에 반영된 논리는 바로 이러한 치국방안을 제기하기 위한 이론적 근거였다. 이처럼 순자의 철학 체계는 인간과 자연의 구분, 인간 내부의 자연성과 인위성의 구분, 감각기관의 구분이라는 두 가지 요소의 상분 논리에 그치지 않고 합일 내지 통일을 지향하는 논리로 일관하고 있다. 이러한 점에서 순자의 천인관계는 방법적인 면에서 묵가와 상당한 차이가 있지만, 인간과 자연의 상분보다는 양자를 연계시킴으로써 현실적 이념의 정당성을 확보하려는 면에서 같은 맥락이라고 할 수 있다.

자연과 인간의 통일

공자와 맹자의 유가나 묵가를 막론하고 선진 제가의 논의에서는 은·주 이래 천(상제)에 대한 관념의 영향을 완전히 벗어날 수는 없었다. 그러나 제가의 천(鬼) 관념과 재정립은 현실적 가치 규범의 정당성을 확보하기 위한 필연적 요청이었다. 따라서 당시의 역사조건을 고려하지 않고 제가의 논의를 미신으로만 간주할 수 없다. 오늘날의 일반적 관념에 비추어보아도 절박한 상황에서 자신의 나약함 때문에 하늘이나 부모에 대해 무의식적으로 의존하려는 관념이 상존한다. 실상 대자연 앞에서 경외심을 느끼는 것은 오늘날 자연과학의 법칙성을 탐구하는 이들에게도 적지 않게 확인할 수 있다. 또한 이론적으로 보더라도 아무리 객관성을 추구한다 하더라도 실험이나 관측 자체에 가설은 있고, 그 가설의 입안이나 실험 장치는 관찰자의 의지가 일정부분 반영될 수밖에 없다.

유가의 현실주의와 인문주의가 서양과 구별되는 근거 또한 여기에 있다. 비록 현실과 그 주체로서 인간이 강조되기는 하지만, 자연과 완전히 별개이거나 그것을 상호 무관한 대상으로서만 간주하는 것이 아니다. 오히려 상황의 단계에 따라서 자연(상제)은 현실과 인간의 존립 근거로 작용할 수도 있다. 그러나 인간과 자연의 관계에서 자연 쪽에 치우친다면 현실적 인간의 주체성을 확보하기 어렵다. 이러한 점을 의식하고 상대적으로 자연에 대한 인간의 주체성과 능동성을 강조한 사상가가 순자다.

순자는 물론 제자백가의 천인관계 논의의 핵심은 현실적 규범과 가치의 정당성 확보라는 데 있었다. 특히 묵가는 맹자 당시부터 천하 여론을 양분하는 위세를 떨치고 있었고, 이것은 당시의 역사조건에 따른 그들 집단의 이념적 토대를 반영한 것이었다. 따라서 맹자는 물론 순자 또한 이러한 이해를 전제로 묵가의 이념에 대하여 비판하면서도 그것이 근거한 묵가적 천귀 관념에 대해서는 명시적인 언급은 피하였던 듯하다. 선진 유가는 묵가에서 천(鬼)를 단순히 초월적 신비적 관념으로써 미신한 것이 아님을 파악하였기 때문이다. 따라서 순자는 장자를 "하늘에 가려 인위를 몰랐다."라고 비판하면서도 묵가의 천인관계에 대해서는 침묵하였던 것이다.

순자의 천인상분이 도가의 자연천도관의 영향이라고 하더라도, 실제 내용은 묵가의 천귀 관념의 현실적 유용성에 대한 대응이라고 보아도 좋을 것이다. 유가로서 공자의 후계자임을 자처하는 순자로서는 묵가의 예악부정과 그들의 법 관념의 근거인 천귀 관념에 안주할 수 없었기 때문이다. 따라서 순자의 천인관은 공자 이후 묵가의 이념과 근거에 대한 맹자의 천인상통과는 상반된 대응방식이라고 할 수 있다. 다시 말하면 맹자가 천인의 연계를 통해서 성선의 이론적 근거를 확보하고자 하였다면, 순자는 양자의 분리를 현실적으로 긍정하고, 나아가서 그러한 논리를 인간의 자연성과 인위성 구별에 적용하였다는 점이다. 여기서 인간의 자연성이 성악설로 표현된다.

순자의 일관된 논리는 표면적으로 '상분'이라고 할 수 있지만, 궁극적 목적은 인간과 자연의 통일성 확보라는 의미에서 '능삼'이라고 할 수 있다. 또한 순자는 이러한 논리를 인간 자체에 그대로 적용하여 인간의 자연성과 인위성을 구분한다. 여기서 자연성은 성악의 측면을 가리키며, 그러한 분리를 방치하는 것이 아니라 '화성기위'를 통하여 극복하고자 한다. 마찬가지로 인식과정에 있어서 오관에 의한 경험적 감각을 그대로 수용하는 것이 아니라 마음(천군)에 의한 징지(懲止)를 강조한다. 이처럼 순자의 철학체계가 인간의 자연성과 인위성을 구분하거나 분리하는 데 그치는 것이 아님을 감안한다면, 순자의 성악설이 그의 철학 전체에 지니는 의미는 기존의 평가와는 달리 상당 부분 달라져야 할 것이다.

순자의 비판철학

순자는 중국철학사에서 후한의 왕충(王充)과 명대의 이지(李贄)와 함께 3대 비판철학자로 일컬어진다. 사실 공자를 제외한 선행 제자백가를 비판적으로 종합했다는 면에서 중국 비판철학의 원조라고 평할 수 있다. 이것은 왕충과 이지의 저술에서 순자를 긍정적으로 평가하는 데서도 확인할 수 있다.

맹자에 대한 비판

순자는 공자의 손자이자 『중용』을 저술한 것으로 알려진 자사(子思)와 공자의 계승자임을 자처한 맹자에 대해서도 비판의 예외를 두지 않았다. 이것은 물론 공자 사후 유가가 8파로 분열

되면서 내부적으로 상호 비판이 있었음을 반증한다. 여기에서는 유가와 아울러 제가에 대한 비판을 개략적으로 소개하기로 한다.

순자가 맹자를 비판하는 주요 내용은 물론 성선설과 관련된 것이다. 이것은 양자의 인간과 자연에 대한 관점 차이에서 야기된 것이므로 여기에서는 별도로 다루지 않는다. 순자는 자사와 맹자에 대하여 선왕을 제대로 계승하지 못하고 '오행'을 날조하였다고 평한다.

그런데 『맹자』와 『중용』의 원문에는 오행이라는 용어가 전혀 보이지 않기 때문에 최근까지 순자가 지적한 오행의 의미가 무엇인지에 대하여 학계에서 여러 가지 논란이 있었다. 이 문제는 1993년도 중국 호북성 형문시 인근 곽점 1호분에서 나온 죽간 자료를 통해서 해결되었다. 여기에서는 『노자』의 죽간본과 아울러 다량의 유가 관련 자료도 출토되었는데 이 가운데 『오행』 편이 포함되었다. 그런데 이 자료는 1973년 호남성 마왕퇴 한묘에서 출토된 백서본과 내용이 대체로 일치하는데 다만 백서본에는 제목이 없었을 뿐이다.

『오행』 편의 첫머리에는 오행의 조목으로서 '인의예지'와 함께 '성'(聖)이 나열되고 있다. 따라서 순자가 자사와 맹자를 '오행'과 관련시켜 비판한 근거가 확인된 셈이다. 실제로 현행본 『맹자』에도 '인의예지성'이 두 차례 병렬되고 있다. 결국 당시 유가에서 오행(오덕)은 인의예지성이며, 음양가에서 말하는 오덕(오행)은 목화토금수가 된다. 아무튼 선천적인 도덕관념을 부정하는 순자의 입장에서는 유가의 오행 관념은 부정할 수밖에 없었을 것이다.

도가에 대한 비판

순자의 자연관은 도가의 무위자연에 영향을 받은 것으로 알려졌다. 천의 의지나 주재성을 부정하기 때문이다. 그러나 표면적으로는 노자와 장자 등 도가에 대해서도 예외를 두지 않았다.

순자에 의하면 노자는 "굽힐 줄만 알고 펼 줄을 몰랐다."라고 하고, 장자에 대해서는 "자연에 가려져 인위를 몰랐다."라는 것이다. 물이나 갓난애 같은 부드러움을 우선하는 노자의 소극적 처세관과 일체의 인위를 부정하는 장자의 자연관을 비판한 것이다. 장자에 의하면 오리 다리가 짧다고 하여 길게 늘여서는 안 되고 학의 다리가 길다고 하여 짧게 만들 수 없다. 그것은 모두 자연적 특성 곧 덕이기 때문이다.

장자에 의하면, 소와 말의 몸뚱이가 온전한 것이 자연(천)이며, 굴레를 씌우거나 코뚜레를 꿰는 것은 인위(인)이며 "인위적인 것으로 자연적인 것을 멸해서는 안 된다."라고 한다. 그러나 인간의 자연개조를 우선하는 순자의 입장에서 보면 당연히 비판 대상이 된다. 이러한 점에서 순자 철학은 "인위적인 것으로써 자연적인 것을 극복하는 것"으로 표현된다.

묵가에 대한 비판

『순자』 전편에 걸쳐서 가장 대표적인 비판 대상이 묵가다. 당시 묵가는 유가마저 압도할 정도의 영향력을 행사했기 때문인 듯하다. 전국 중기 맹자의 고백에 의하면 양주와 묵적의 세력이 천하를 양분하고 있었으며, 전국 말의 한비는 "세상에 두드러진 학파는 유가와 묵가다."라고 한 데서도 짐작할 수 있다.

묵가에 의하면 "성인은 자기를 사랑하지 않는다."라고 한다. 이것은 '사람(人)'과 '자기(己)'의 개념을 구별하고, 다시 자기에 대한 사랑으로부터 시작하여 남들에게 미치는 유가의 차별애에 대한 반론이다. 그러나 순자의 입장에서 보면 '인'이라는 개념 속에 '기'가 포괄되므로 논리적 모순이라고 주장한다. 묵가 또한 순자의 지적을 모르는 것이 아니라 실제로는 겸애를 강조하려는 것이었다.

묵가에서 보면 천하 혼란의 원인은 겸애하지 않는 데서 비롯된다. 그러나 순자는 "임금은 유능한 사람을 관직에 앉히는 일을 하는 사람이며, 필부는 스스로 자신의 능력을 발휘하는 사람이다. 따라서 천하를 안정시키고 사해를 통일하는 일도 직접할 필요는 없다. 그것을 직접 하는 것은 노동자의 방법이며 묵자의 말이다. 덕이 있는 사람을 가리고 유능한 자를 기용하여 관직을 주는 것은 성왕의 도며 유가에서 지키는 방법이다."라고 한다. 즉 분별이 없는 겸애는 오히려 일을 번거롭게만 하는 것이며, 이러한 의미에서 순자는 묵가를 "평등만 보고 차별은 보지 못했다."라고 비판하였다.

순자가 묵가를 비판하는 또 다른 명제는 "맛있는 요리도 입맛을 더하지 못하고, 훌륭한 음악도 즐거움을 더하지 못한다."라는 것이다. 이것은 평민적 입장에서 번거롭고 이해하기 어려운 유가의 예악을 경제적 낭비이자 노동력 착취라고 부정하는 입장이다. 그러나 순자에 의하면 '음악은 인정상 그만둘 수 없는 것'이다. 물론 고기를 자주 먹는 사람이 요리의 맛도 느끼지 못하고, 음악도 때로는 짜증 날 때가 있을 수 있다. 그러나 이것은 개별적이고 특수한 사실로써 일반적 원칙을 무시하는 오류다. 순자에 의하면 "묵자의 음악 부정론은 천하를 혼란시키는 것이고, 묵자의 절용론은 천하를 가난하게 하는 것"이라 한다. 따라서 묵가를 "실용(쓰임)에 가려 문화를 몰랐다."라고 비판하였다.

변자(辯者)에 대한 비판

묵가와 함께 순자가 비판 대상으로 삼았던 것은 당시 유명한 변자들이었다. 대표적으로 송견은 "인간의 정욕은 많은 것이 아니다." "욕을 당해도 수치스러운 일이 아니다."라는 주장을 편 바 있다. 이 명제들은 개인과 국가의 갈등과 분쟁이 욕망의 추구에서 비롯된 것으로 보는 소극적 평화주의 이념에서 비롯된 것이다. 그러나 인간의 자연스러운 욕망을 긍정하는 순자의 입장에서 송견은 "적은 것만 알았지 많은 것을 몰랐다."라고 비판하였다.

순자에 의하면 무릇 정치를 말하면서 욕심을 제거하기를 기대하는 것은 욕망을 지도할 줄 모르고 욕망 있는 사실을 괴로워하는 사람이며, 정치를 말하면서 과욕하라고 권함은 욕망을 절제할 줄 모르고 욕망이 많은 것을 근심하는 사람이다.

순자는 인간 욕망의 다과와 유무는 치란과 관계가 없으며, 단지 욕망을 조절하는 정치력이 중요하다고 본다. 또한 욕망을 추구하려면 인정이 필요하기 때문에 욕망을 없앨 수 없고 천자라도 자신의 욕망을 다 채울 수는 없다고 하였다. 다만 채울 수는 없지만 가깝게 할 수 있고, 제거할 수는 없으나 조절할 수 있다고 주장한다.

송견과 마찬가지로 당시에 유명한 변자였던 혜시 또한 순자의 비판 대상이다. 혜시는 한대 이후에는 공손룡과 함께 명가로 분류되고 궤변가로 일컬어지기도 하였다. 혜시는 장자의 친구로서 우화에 자주 등장하기도 하지만 자신의 저술은 전하지 않는다.

혜시에 대한 비판은 "산과 연못의 높이는 같다." "하늘과 땅은 붙어 있다." 등의 명제다. 『장자』에는 이러한 명제를 포함하여 '역물십사(歷物十事)'로 칭해지는 명제들이 보이는데, 전체 내용은 세계만물이 상호 공통성과 개체성을 갖고 있으며 나아가서는 시간과 공간, 현상과 변이의 상대성을 표현한 명제들이다. 이에 대하여 순자는 설명할 수 없는 것들인데도 혜시나 등석은 곧잘 이유를 붙여서 변론한다고 비판하였다.

혜시가 자신의 명제들을 어떠한 관점에서 논증하였는지는 알 수 없으나 순자는 우리가 대상의 동이를 파악함에 있어 일차적으로 감각기관을 통하여 인식하고 대상을 명명하는 원칙에 어긋난다고 비판하였다. 비록 산이 낮은 곳에 있고 연못이 높은 곳에 있을 수 있으나 이러한 예외적인 사실로써 일반적 사실을 부인할 수 없다는 것이며, 그 근거는 우리의 감각기관에 따르기 때문이라고 본다. 순자는 그들의 언변이 일정한 "근거가 있고, 말에 조리가 있다."라고 인정하면서도 괴설을 늘어놓아 대중을 미혹시키므로 변론하여도 정치 사회의 통일성을 지향하는 현실에는 무용한 것이라고 비판하였다. 순자에 의하면 군자는 행동에 있어서 구태여 어려움을 귀하게 여기지 않고, 변설에 있어서 구태여 미묘함을 귀하게 여기지 않으며, 명성에 있어서 구태여 전파됨을 귀하게 여기지 않는다. 오직 그 마땅함을 귀하게 여길 뿐이다. 따라서 혜시를 "말에 가려져 실제를 몰랐다."라고 비판하였다.

순자의 역사적 위상

  오늘날에 이르기까지 순자 사상에 평가는 시대 상황에 따라 여러 번 부침을 했다. 순자가 전국 말기에 활동할 때 그의 명성은 결코 대단한 것이 아니었으며 제자들 또한 많지 않았던 것으로 전해진다. 『순자』의 마지막 편에는 당시 세인들이 "순자는 공자만 못하다."라고 하는 비평에 대한 반박이 보인다.

  "순자는 난세에 쫓기고 엄한 형벌에 눌려 위로는 현명한 군주를 모시지 못하고 아래로는 포악한 진나라를 만나 예의를 행하거나 교화를 이룰 수 없었다. 지금의 학자들이 순자가 남긴 말과 가르침을 받기만 한다면 충분히 천하의 본보기와 표준이 되고도 남을 것이니, 그가 머무는 곳은 신명스럽게 되고

그가 지나는 곳은 감화될 것이다. 그분의 선행을 보건대 공자
도 그보다는 더할 수 없을 정도인데, 세상에서는 자세히 살펴
보지도 않고 성인이 아니라고 말을 하니 어인 일인가? 순자는
때를 만나지 못하였기 때문이다. 덕은 요임금이나 우임금과 같
은 분인데 세상에서는 아는 이가 적어서 방책은 쓰이지 못하
고 사람들에게 의심을 받았다. 그 지혜는 더없이 밝고 도를 닦
아 올바르게 행동한 것은 천하의 기강이 되기에 충분하다. 아!
그 얼마나 현명한가? 마땅히 제왕이 될 만한 인물이었다."

이상의 내용은 일반적인 평가대로 순자의 후학들이 보충한
것으로 생각된다. 그러나 고대 사상가들이 자신의 현실에 대한
대안제시가 좌절된 것에 대한 울분의 표현이 적지 않을 것을
감안할 때 이상의 내용도 순자 자신의 의지를 반영하여 자술
한 것인지도 모른다.

순자와 그의 학설이 당시에 군주들에게 받아들여지지 않은
것은 본래 신임을 받아 중용되는 기회를 얻지 못한 것과 관련
이 있지만 보다 중요한 원인은 순자의 주장이 당시 제후들의 요
구와 일정한 거리가 있었기 때문이다. 그들의 관심은 부국강병
에 의한 겸병전쟁에 집중되었기에 법가 노선을 견지할 수밖에
없었으므로 순자의 학설은 받아들이기 어려웠다. 그는 생전에
열심히 새로운 대일통제국을 위한 설계도를 만들었지만, 그의
설계도는 당시 제후국에서 중시하지 않았다. 순자 사후 전국시
대는 10여 년 뒤 진나라에 의한 군현제 국가로 통일되었다.

순자가 진왕조의 건립에 상당한 영향을 미쳤다는 것은 법가의 이론가와 실천가가 모두 그의 제자였다는 데 기인한다. 이사(李斯)는 당시 진나라의 실제 정치에 참여하여 이른바 분서갱유를 주도한 것으로 알려지며, 한비는 이론적으로 법가 이론을 집대성하였기 때문이다. 따라서 양자 모두 진나라에 의한 천하통일과 왕조 건립에 큰 역할을 한 것은 주지의 사실이다. 또한 순자가 유가임은 의심할 여지가 없지만, 순자의 사상적 평가에 있어서 유가와 법가의 두 가지 측면이 어우러져 있기 때문에 유가에서는 이단으로 간주되기도 한다. 따라서 법가로 분류하는 경우도 있었다. 특히 이사와 한비의 행적과 직접적으로 연계시킬 때 순자의 사상체계 전반을 유가와는 본질적으로 다르게 평가하기도 하였다.

중국철학사에서의 순자

당나라 때의 육구몽(陸龜蒙)은 "이사는 순자로부터 공자의 도를 들었고, 재상의 위치에서 그 도를 행하고 그 뜻을 얻었는데, 도리어 시서를 불사르고 유자를 살해한 것은 불인함이 심한 것이다."라고 지적하고, 따라서 순자를 대유로써 맹자와 병렬시킬 수 없다고 주장하였다. 송대의 소식(蘇軾)이 말하기를 "일찍이 이사가 순자를 사사한 것을 괴이하게 생각했는데, 지금 『순자』를 보니 이사가 진나라를 섬긴 것이 모두 순자로부터 비롯된 것임을 알아 괴이하게 생각하지 않게 되었다."라고 하였다. 이러한 관점은 중국의 근대 지식인들도 수용하였다. 청대의 담사동(譚嗣同)은 순자의 사상을 비판하면서 "한번 전해져 이사가 되고 그 화가 또한 세상의 폭력으로 드러났다."라고 하고, 양계초(梁啓超)는 "일찍이 이사의 분서갱유가 순자에게서 발단하였다고 하는 것은 잘못된 말이 아니다."라고 하였다. 이상의 비판적 관점은 일리가 있지만 오히려 잘못 이해하는 측면이 더 많으며, 진나라의 모든 행사를 순자와 연계시키는 것은 본말이 전도된 것으로 본다.

한국철학사에서의 순자

우리나라에서는 삼국시대부터 고려 중엽까지 지식인들이 선진 제자학 가운데 특정 학파나 사상가를 이단으로 간주하여 비판하는 일은 없었다. 그런데 여말선초 이래 『맹자』가 유가의 정통 경전으로 확립되면서부터 순자를 비롯한 선진 제가를 이단으로 간주하여 비판하기 시작하였다. 15세기 성리학 전성기에 이르면 선초에 비해 순자에 대한 지식인들의 비판 강도가 오히려 줄어드는 경향을 엿볼 수 있는데, 이것은 맹자의 성선설을 토대로 한 성리학적 세계관이 이미 확립되었음을 반증하는 것이다.

17세기에 이르면 순자를 법가로 귀결시키는 논의도 일부 보이지만, 주자학의 권위에 도전하거나 실학적 토대 위에서 제자학을 적극적으로 수용하는 경향이 대세를 이루게 된다. 예컨대 이익(李瀷)은 성악설을 비판하면서도 예학의 측면에서 순자의 공을 인정하여 대유로 높이고 있으며, 동시에 순자의 일부 사상을 이전 성현이 발명하지 못한 것이라고 극찬하고 있다. 18세기 정약용(丁若鏞)에 이르면 순자에 대한 이해 범위가 보다 확산되고 있음을 확인할 수 있으며, 특히 글자 고증에서 순자의 원문 및 주석이 널리 활용되고 있다.

조선 후기에 이를수록 순자에 대한 객관적인 평가가 확대되고 있다. 특히 윤휴(尹鑴)는 당시 순자를 비판하는 풍조에 대해 "단점만 들춰내고 장점을 감추거나 저것 때문에 이것까지 버려서는 안 된다."라고 지적하였다. 이것은 공자의 이른바 "군자는 말 때문에 사람을 천거하지 않으며, 사람 때문에 그 말을 폐하지 않는다."라는 말이 연상될 정도로 합리적 사고가 돋보인다.

무엇보다도 정조가 "이사가 진나라를 다스렸던 방법이 과연 순자의 도였던가?"라고 질문하였을 때 당대의 석학들이 침묵한 사실은 순자에 대한 이해의 한계를 반증한다. 정조야말로 동아시아 역사에서 처음으로 순자의 본의를 이해한 제왕이 아닐까?

순자의 제자들

법치로써 천하 통일에 기여한 이사

순자의 대표적인 제자는 이사와 한비다. 『사기열전』에는 순자와 이사의 관계가 비교적 자세하게 그려졌다.

이사는 본래 초나라 한 지방의 아전 출신인데 순자를 찾아가서 제왕의 학문을 배웠다. 어느 정도 학문적 성취를 이루자 자신의 뜻을 펴려면 진나라에 가는 것이 좋다고 생각하고 순자에게 다음과 같이 하직인사를 하였다.

"오래도록 비천하고 곤궁한 처지에 있으면서 세상을 비난하고 영리를 싫어하며 스스로 무위에 의탁히여 고상한 체하는 것은 선비 본연의 심정이 아닙니다. 저는 장차 서쪽으로 가서 진왕에게 유세하고자 합니다."

여기에서 이사는 순자의 시국관과 유사하지만, 대처 방안과 처신은 스승과 달랐음을 알 수 있다. 그러나 진나라에 도착한 이사의 앞날이 순조로웠던 것만은 아니다. 진나라 장양왕이 마침 세상을 뜨고 당시 재상이었던 여불위를 통해서 객경의 벼슬까지 얻게 되지만 모함을 받아 축객령의 명단에 포함되어 지위를 박탈당하기도 하였다. 그러나 상소문을 올려 위기를 모면하고 벼슬을 회복하였으며, 20여 년 후 진나라가 천하를 통일하는 데 큰 공을 세워 재상의 지위에 오르게 되었다.

진시황 34년 함양궁에서 연회가 베풀어졌을 때의 일이다. 순우월(淳于越)이 주나라의 분봉제를 찬양하면서 그 제도를 본받아야 한다고 주장하자, 진시황은 이 내용을 이사에게 알려 해결하도록 하였다. 이사는 이에 "청컨대 모든 문학과 시서와 제자백가의 말을 실은 서적을 가진 자는 그것을 폐기하여 버리게 합니다. 명령이 도착한 지 만 30일이 되어도 버리지 않는 자는 묵형하여 성단에 처하게 합니다. 폐기하지 않아도 되는 서적은 의약, 복서와 농사에 관한 서적만으로 하고 만일 배우기를 원하는 자가 있으면 관리로써 스승을 삼게 합니다."라고 건의하였다. 진시황은 옳다고 생각하여 시서와 백가의 서적을 몰수하여 폐기하였다. 이것이 이른바 분서갱유다. 이로부터 백성은 옛 일을 들어 세상을 비난하는 일이 없게 되었다.

이사의 자식들은 모두 진나라의 공주에게 장가들게 되어 세력을 확장하였다. 이사가 연회를 베풀 때 그의 문 앞에서 몇천의 기마가 줄을 이을 정도로 성황을 이루었다. 이사는 탄식하며 다음과 같이 말하였다. "나는 순자에게서 '사물은 지나치게 번성하는 것을 금기시해야 한다.'라고 들었다. 나는 보잘것없는 한 시골 출신으로 군주가 나의 무능함을 모르고 발탁하여 오늘의 지위에 이르렀다. 지금 신하로서 나보다 위에 있는 자가 없으니 부귀가 극에 달하였다고 말할 수 있다. 사물은 극에 달하면 반드시 쇠하게 마련이다. 내 아직 멍에를 풀 곳을 알지 못한다."

시황이 몇 년 뒤에 죽고 환관 출신 조고의 농간으로 맏아들 부소 대신 호해가 왕위에 올랐다. 이에 예상한 것처럼 이사는 쇠락을 길을 걸었고, 결국 처형되어 삼족이 멸망하기에 이르렀다. 이 시기에 조고의 횡포가 얼마나 극심했는지를 알 수 있는 고사가 '지록위마(指鹿爲馬)'다. 조고가 사슴을 가리켜 말이라고 해도 모두 수긍하였다는 비유다. 이에 대해 사마천은 『열전』의 마지막 부분에서 안타까움을 표시하고 있다.

"이사는 육경의 귀결하는 의미를 알면서도 정치를 밝게 하여 주상의 결점을 보충하는 일에 힘쓰지 않고, 높은 작록을 누리면서도 아첨하고 좇고 구차하게 영합하여 명령만을 엄하게 하고 형벌을 혹독하게 하였으며, 조고의 그릇된 말을 들어 적자를 폐하고 서자를 세웠다. 제후들의 마음이 이반된 뒤에 이사가 비로소 간쟁하고자 하였으나 또한 늦지 않은가? 사람들은 모두 이사가 지극히 충성스러웠지만 오형을 받아 죽었다고 말한다. 그러나 근본을 살펴보면 세속의 논의와는 다르다. 그렇지 않았더라면 이사의 공은 주공이나 소공과 같은 반열에 설 수 있었을 것이다."

순자의 사상은 기본적으로 유가며, 반면에 이사는 기본적으로 법가였다. 특히 이사는 오히려 진나라에서 상앙, 신불해, 한비의 법술사상을 적극적으로 선양하고 실천하였으며, 왕도와 예의에 관련된 주장은 선양한 바가 없다. 순자의 정치적 기본 관점은 왕도로 중국을 통일하는 것이었지만, 이사는 진시황이 채택한 패도를 도와서 천하를 통일하였다. 또한 순자는 인의를 최고 가치로 보지만, 이사는 "인의의 도를 멸하고 열사의 말과 행동을 막으며 총명을 막고 홀로 결단해야 한다."라고 하였다. 더욱이 순자는 예악과 시서를 바탕으로 유가를 중시하였지만, 이사는 건의하기를 "감히 시서를 말하는 자는 기시해야 한다." 라고 주장하고 진시황에게 분서갱유를 요구하였다.

『염철론』에 의하면 순자는 이사가 진나라에서 여러 제도개혁을 시행한다는 소식을 듣고 그것은 반드시 실패할 것이라 예언하고 식음을 전폐했던 것으로 전해진다. 이것은 이사가 진나라로 떠나기 전 사제간에 보였던 의견의 불일치와도 부합되는 정황이며, 순자와 이사가 결코 동일한 치국방안이 아니었음을 반증하는 사례다.

법가 이론을 집대성한 한비

한비는 선행 법가 사상을 집대성함으로써 이론적인 면에서 진시황의 천하통일에 공헌하였다. 그러나 그 또한 스승의 학설을 그대로 따랐던 것이 아니다. 오히려 순자의 법과 군주를 높이는 사상에서 출발하여 상앙(商鞅)의 법, 신불해의 술(術), 신도의 세(勢)를 하나로 결합시켜 자신의 법가 사상을 집대성하였다. 실제로 정치가로서 별다른 저술을 남기지 않은 이사는 스승인 순자의 말을 인용하면서 그를 회고하였을 뿐만 아니라 『순자』에도 비록 대립적인 시국관이 반영되어 있기는 하지만 문답하는 내용이 실려 있기도 하다. 그런데 방대한 내용의 현존본 『한비자』에는 자신의 스승으로서 순자에 대한 언급이 거의 보이지 않으며, 그것 또한 긍정적인 면에서가 아니라 오히려 비판적인 시각에서다.

한비는 유가 분파의 하나로서 '손씨지유'(순자 학파)를 들고 있지만, 유가와 묵가 모두를 '어리석고 거짓된 학문이며 잡동사니를 뒤섞은 행동'이라고 평가하기 때문에 순자도 당연히 그의 비판 대상에 포함된다. 이것은 한비가 법가와 제자백가를 모순관계로 파악하는 그의 학문적 특성에 근거한 것으로 설명할 수 있지만 사승관계로 볼 때 쉽게 이해할 수 없는 대목이다. 아무튼 법가를 자처하는 한비가 보기에 순자는 확실히 유가였다.

『사기열전』에 따르면 한비는 한나라의 몰락 귀족 출신으로 형명과 법술의 학문을 좋아하였으며, 그 귀결점은 황제와 노자에 근본한 것이다.

한비는 말을 더듬었지만 이사가 스스로 그를 따르지 못한다고 고백할 정도로 글을 짓는 데 뛰어났다. 특이한 것은 『순자』전체에서 기타 법가를 적극적으로 비판하면서도 한비에 대한 직접적 언급이 전혀 보이지 않았다는 점이다. 한비는 조국인 한나라가 국력이 쇠약해짐을 보면서 여러 차례 상소문을 올려 채택되지 못하자 방대한 저술로써 자신의 의지를 피력하고자 하였다.

한비 이론의 기본 근거는 이해타산적 인간관이다. 심지어 부자관계에도 이해타산이 적용되기 때문에 아들을 낳으면 잔치를 베풀어도 딸을 낳으면 가져다 버린다는 것이다. 그는 인성론의 측면에서 순자를 충실히 계승한다. 순자는 인간의 본성이 선해지는 것은 인위적인 노력이라고 하여 본래 인간은 욕망을 가진 존재며, 반면 일정한 재화에 대한 소유욕으로 인하여 다투지 않을 수 없다고 본다. 한비 또한 "인민은 많지만 재화는 적으며 부지런히 일해도 소득은 적기 때문에 서로 다투지 않을 수 없다."라고 한다. 이 점은 순자의 영향이지만 "성명(性命)은 사람이 배운다 해도 달라지지 않는다."라고 하여 순자의 이른바 '화성기위설'을 부정한다. 순자는 비록 성악설을 주장하지만, 스승의 가르침이나 예의에 의한 교화를 통하여 누구나 성인이 될 수도 있다고 보았다. 또한 순자는 인간의 사회성을 강조하여 공자의 예악사상에 새로운 의미부여를 하지만, 한비는 사랑의 실천수단으로서의 예악을 전면적으로 부정한다.

사마천은 한비가 상황에 따른 유세의 기술을 밝힌 「세난」(說難) 편의 작자이면서도 끝내 자신의 목숨조차 지키지 못한 사실을 안타까워하면서 열전을 마무리했다. 진시황이 우연히 한비의 글 가운데 몇 편을 보고, "과인이 이 사람을 만나보고 함께 교류할 수 있다면 죽어도 한이 없겠다."라고 하였다. 이에 이사는 한비가 사신으로 오도록 유인하여 두 사람이 만날 수 있도록 주선하였다. 그러나 진시황이 한비와 대화하면서 흡족해하자 이사는 자신의 지위에 위협을 느끼자 그를 모함하여 가두고 결국 독살하였다.

이사와 한비는 순자의 제자로서 나름대로 시국관을 가지고 뜻을 펼치고자 했지만 끝내 뜻을 이루지 못했다. 이사가 비록 일시적으로 천하통일에 결정적 공헌을 거두고 가능한 최고의 지위를 누렸다고는 하지만 그들의 말로는 순탄하지 못하였다. 특히 이사는 조고의 질시를 받아 함양에서 참수됨으로써 한비보다 더욱 참혹한 말로를 맞이하였다. 처형 직전 그는 자신의 아들에게 말하길, "나는 다시 너와 함께 누렁이를 데리고 상채 동문에 가서 토끼를 잡고 싶지만 어렵겠구나."라고 회한을 표시했다. 그들은 결국 선행 법가와 마찬가지로 순탄하게 평생을 마감하지 못하였다. 그들의 공과는 차치하고라도 역사적으로 개혁이나 진보 이념이 현실적으로 수용되기가 용이하지 않음을 반영하는 것이기도 하다.

명대의 대표적 비판철학자 이지(李贄)는 다음과 같이 말하였다.

"송유들은 말하기를 '순자의 학문은 불순하였기에 한번 이사에게 전해지면서 분서갱유의 화가 있게 되었다.'라고 했다. 무릇 제자가 악행을 하였는데 죄가 스승에게 미치는 것이 이치에 맞는 일인가?"

이지의 평가대로 이사와 한비를 순자와 연계시키는 것은 일종의 연좌제로서 잘못된 것이다. 그 스승에 반드시 그 제자가 나오거나, 그 부모에 그 자식이 나온다는 보장은 없기 때문이다. 그들의 정치적 실패는 순자의 사상체계를 제대로 계승 발전시키지 못하고 오로지 법치와 권모술수만을 지향한 데 근본적 이유가 있다.

유가의 공자와 맹자를 계승하면서 동시에 제자백가를 비판적으로 종합한 순자야말로 셋에 능한 철학자였다고 평할 만하다. 다만 순자로부터 다시 한비의 '이론'과 이사의 '실천'으로 분리된 것은 안타까운 일이 아닐 수 없다. 이 또한 필연적인 과정이었던 것인가?

꿈엔들 잊힐 리야

　뒤편에는 산자락이 엄마 품처럼 마을을 양쪽으로 포근히 감싸고, 앞에는 너른 벌판이 십 리에 걸쳐 아득하게 펼쳐져 있으며, 그 끝에는 금강이 동쪽에서 시작하여 서쪽 낙화암 쪽으로 흐른다. 양쪽에 동편과 서편을 두었다고 해서 '중뜸'으로 불리는 마을 정중앙에 있는 집 바로 뒤에는 아주 오래된 은행나무가 있고, 바로 앞으로 펼쳐진 텃밭 끝에 있는 한길은 동서로 관통하고 있다. 그 아래에는 마을 사람들이 함께 이용하는 우물이 있고 다시 그 밑으로 수로가 동서로 흐른다. 한길 가 왼쪽으로는 밤송이 모양의 통미산이 있고 오른쪽으로는 작은 고갯길 용산마루가 보인다. 토질이 특이한 관계로 고추와 구기자의 생산지로 유명한 충남 청양군의 바루터다.

눈발이 날려서 그런지 그다지 춥게 느껴지지 않는 겨울이다. 처음 서울에서 내려왔을 때는 모든 것이 낯설었지만, 이제는 형들과 여동생은 물론이고 마을 친구들과도 곧잘 어울리는 편이다. 아직 이유를 알 수 없는 형제들의 질시와 구박은 어쩔 수 없었지만 뿌듯한 것은 훈장선생님의 귀여움을 독차지한다는 것이다. 동네의 다른 친구들은 회초리가 무서워 툭하면 서당에 안 온다. 선생님이 평소 베개로 사용하는 목침에 올라서 회초리를 맞는 것은 누구에게나 끔찍한 일이기 때문이다. 혹시라도 혼이 날 때는 친구들이 밖에서 훔쳐보면서 깔깔거린다.

"이놈들!"

새해가 되면 일곱 살이다. 눈이 오면 용산마루에서 가마니와 포댓자루를 깔고 미끄럼을 타거나 썰매타기와 연날리기를 즐긴다. 다만 창호지와 대나무로 연을 만들기도 쉽지 않고 연줄로 사용하는 실을 구하기가 무척 어려운 것이 문제다. 장롱 속의 실타래를 훔치다 엉켜버리면 더욱 심각하다. 며칠 후 다가올 설날은 마음을 설레게 한다. 설빔으로 미리 입은 윗도리의 앞과 손목에는 콧물이 덕지덕지 묻어서 반들반들 영롱한 광채가 나고, 손등은 잘 씻지 않아서 갈라져 군데군데 피가 보인다. 동상에 걸려서인지 발가락이 가렵기도 하다. 걸핏하면 넘어져 무릎과 정강이에 피가 흐르지만, 흙을 바르면 얼마 안 있어 딱지가 앉아서 곧잘 낫는다. 간혹 상처가 심한 경우 정자나무 그늘에 계시던 할아버지들이 알사탕을 주시면서 달래주던 기억을 지울 수 없다. 자연스럽게 노인을 공경하게 된다.

아무리 노는 것이 좋아도 어제 배운 것은 외워야 한다. 공부가 즐거워서가 아니라 선생님의 회초리가 무섭기도 하고 가장 자신 있는 일이기 때문이다. 더불어 서당에 가면 잔심부름을 안 해도 되고 형제들의 구박을 피할 수 있기 때문이다. 오늘도 혼자 선생님의 엄격한 검증을 무난히 통과하고 배운 것을 소리 내어 반복해서 읽는 중이다. 선생님의 친구가 오셔서 두 분이 장기를 두신다.

"장군!, 장이야!"

이어지는 선생님의 헛기침과 한숨 소리.

"흠, 한 수만 무르세!"

살며시 문을 열고 나와서 달린다. 경험상 장기가 한 판으로 쉽게 끝나지 않는다는 것을 알기 때문이다. 집으로 달려가 물 속에 담겨 있던 흰 떡을 한 움큼 주머니에 넣고 한길 아래 수로의 둑으로 갔다. 벌써 친구들은 제방의 둑에 구멍을 뚫어 화덕을 만들어 놓았다. 군불을 지피고 양철 조각 위에 흰 떡을 펼쳐놓는다. 앞뒤로 노릇노릇하게 부풀어 오른 떡의 기막힌 맛은 잊을 수 없다. 이윽고 선생님이 멀리서 지팡이를 짚고 나를 부른다.

"이놈아!"

목소리와 표정으로 보아 장기에 지셨나 보다.

'죽었구나!'

초저녁에는 동네 아주머니들이 모여 등잔불 아래에서 일 명 '수건 뜨기(홀치기)'라는 부업을 하는 방에 정중한 초대를 받는다. 한자를 읽을 수 있기 때문에 조기 아르바이트를 한 것이다. 나중에 안 사실이지만 일본 여인들이 입는 기모노의 원단에 점으로 새겨진 무늬를 뾰족한 송곳 끝에 걸어 놓고 실로 한 올씩 묶는 작업이다. 국한문 혼용체로 된 성인소설을 읽어주면 맛난 것을 주기 때문에 불만이 없다. 한겨울 방 한쪽에 쌓아둔 고구마나 땅속에 묻어둔 무를 깎아 먹으면 그 맛이 일품이다. 방 한가운데 있는 화로불 속의 군밤은 별미중의 별미다.

『의적 일지매』『춘향전』『홍길동전』『장화홍련전』그리고『소녀경』도 있었던가? 야한 장면이 나와도 어린 나이 탓에 아쉽게도 무슨 뜻인지 모른다.

밤늦게 집에 오면 커다란 이불 속 아랫목에는 어머니, 여동생, 형들이 나란히 누워 있다. 하는 수 없이 이불 끝 부분에서 어머니와 직각 방향으로 누워 자는데 아침에 보면 베개가 축축하다. 오줌을 싸지 않은 것이 다행이다. 키를 머리에 쓰고 소금을 구하러 옆집에 가면 예쁜이가 놀리는 것이 너무나 두렵다. 이름도 모르는 그 애도 나처럼 서울에서 내려와서 인기가 좋았는데 지금은 어디서 살고 있는지 궁금하다.

초등학교 때 아침마다 책보를 등에 메고 형들을 따라 읍내까지 10리 길을 달린다. 벌써 도시락 속의 고추장과 멸치가 뒤섞여 비빔밥이 되어 있다. 물론 보리밥이다. 집으로 돌아오는 길은 여유가 있어서가 아니라 허기져서 길가 숲에서 이것저것 따 먹으면서 느릿느릿 걸어오다 보면 어느덧 저녁 무렵이 된다. 이제 잔심부름을 해야 하지만 멍한 생각을 자주 하기 때문에 형들의 꿀밤을 맞는다. 아프지만 당연하기에 울지 않는다. 일을 해야 먹을 수 있다는 평범한 진리를 일찍부터 알았기 때문이다. 너무 아플 때에는 고자질하고 싶지만 그러기에는 내 편을 들어줄 아버지가 너무 멀리에 있다.

'서울에서 내려오실 때 모아서 해야지!' 다짐하며 위안을 삼는다.

한 달에 한 번씩 아버지가 보내주는 『소년중앙』과 별책 부록인 「요괴인간」 등의 만화는 외로움을 달래주는 특효약이다. 주인공인 '벤, 베로, 베라', '우주소년 아톰'이라는 말을 상기하면 지금도 정겹게 느껴진다. 먼저 읽고 나서 친구들에게 선별적으로 빌려주면서 영웅 대접을 받는다.

6학년 때 아버지의 부름으로 청운의 꿈을 안고 서울에 올라왔지만 잦은 하숙과 자취 생활은 여러 가지 면에서 불편했다. '선생님의 말씀대로 코를 베어 간다더니 서울이 세긴 세구나!' 다행스러운 점은 중학교가 무시험이 되면서 적어도 진학 문제로 아버지를 실망시키지 않은 것이다. 중학교 3학년 때 어느 날 함께 망우리에 가면서 낳아주신 어머니가 일찍 돌아가셨음을 확인하였다. 의외로 덤덤한 느낌이다. 아마 시골에 있을 때부터 미리 알았던 듯하다. 얼굴 모습이 떠오르지 않아서인가? 그렇지만 아버지 곁에는 늘 어머니가 계시니 혼란스럽다.

'시골에도 계시는데…….'

다행스럽게도 고등학교도 무시험이다. 재학 중에는 건강 때문에 1년간 휴학하였는데 도시락을 싸들고 남산도서관에 살다

시피 하면서 많은 책을 읽을 수 있었다. 대학교 또한 처음 뜻대로 되지 못하고 철학과에 입학하였는데 아마도 쓸데없이 이것저것 읽어서일 것이다. 이때 처음으로 아버지의 실망스러운 표정을 확인하였다.

"인생은 삼세판인데 한 번 더하지!"

무기력함으로 인하여 뜻을 받들지 못한 일이 지금까지 아쉬움으로 남는다. 태어나 처음으로 각인된 숫자 '3'이다.

대학교 1~2학년 때에는 시위와 휴교로 인하여 제대로 공부할 수 없었고, 대부분 시국에 대한 울분을 안주 삼아 음주하는 일로 보냈다. 게다가 전신 화상을 입어 6개월 이상 병원 신세를 지게 되었다. 살아 있는 게 신기하다. 당시 자호가 '망아(忘我)'였으니 지금 생각해도 민망하기 그지없다.

그래도 기억나는 수강 과목은 〈일반논리학〉인데 박종홍 선생님의 저술을 접하면서 논리학이 무엇인지 처음 알게 되었다. 선생님의 수필은 이미 고등학교 때부터 읽었지만, 이후에 나온 한국철학 전반에 관한 글은 더욱 흥미로웠다. 지금도 기억에 뚜렷이 남는 말씀 중에 서양의 논리를 뛰어넘는 게 동양에 있는데 간추려내기가 쉽지 않으며, 다만 이름을 붙일 수 있다면 '창조의 논리'가 아닐까 한다는 것이었다. 이것이 이후 공부하는 방향을 결정하는 계기가 되었다.

대학원에서 동양철학을 전공하면서 처음 흥미를 느꼈던 사상가가 '순자'다. 무엇보다 그의 예리한 분석과 비판은 서양철학을 전공한 이에게는 너무나 익숙한 것이었다. 석사논문을 준비하던 중 지도교수님의 말씀이 기억난다.

"우리나라에서 아직도 순자는 이단시되고 있고, 순자 사상으로 학위를 받은 자네 선배는 지금 생선장수를 하고 있다. 묵자에 대해서는 우리나라에서의 연구가 거의 없다."

당시 국내에서 순자와 묵자에 대한 연구는 극히 제한적이었고, 구본명, 이운구 선생님의 저술이 대표적이었다. 그럼에도 불구하고 학위를 따는 날 서울에 올라온 뒤 처음으로 아버지의 만족스러운 표정을 확인하였다.

"박사는 철학박사가 최고지!"

지도교수와 함께 중국에서 열린 〈묵학국제학술회의〉에 몇 번 참여하면서 외국 학자들과 대화를 나눈 일이 있다. 그 자리에서 동양에서 순자와 묵자의 철학이야말로 서양철학과 가장 상통하는 것이라는 데 의견이 일치되었다. 철학에 동서의 구분이 반드시 필요한 것은 아니겠지만, 그래도 한국인으로서 순자와 묵자를 학위논문 주제로 설정한 것은 결코 우연이 아니었다는 생각을 하게 된다.

이후 사단법인 퇴계학연구원에서 10여 년간 상임연구원 자격으로 『퇴계학보』를 편집하면서 퇴계 선생의 삶과 철학을 접할 수 있었다. 그러나 서양에서 출발하여 중국 고대를 거쳐서 조선시대에 이르는 철학사의 범위는 하루아침에 정리되기 어려운 것이었다. 박종홍 선생님의 '창조의 논리'는 무엇이며 어디에 있는 것일까? 이상이 걸핏하면 나를 멍하게 하고 자나깨나 지워지지 않는 생각이다. 평소 '모두 부질없는 것'이라는 생각을 하면서도 그간의 삶과 학문적 편력을 나열한 것은 여러 가지 아쉬움이 남기 때문일 것이다.

중국 고대의 노자는 최초로 '하나, 둘, 셋'의 화두를 제기하였고, 춘추전국시대의 순자는 "셋에 능해야 한다."라는 '능삼'의 논리로 자연과 인간을 개괄함으로써 통일제국의 설계도를 완성하였다. 놀랍게도 2,500년 뒤 현대 중국의 지셴린은 두 성현의 비밀을 정확히 풀어내었다. '인간과 자연, 인간과 인간, 사상과 감정'이라는 세 가지 관계의 모순을 조화롭게 정리해야만 고뇌에서 벗어나 유쾌한 삶을 누릴 수 있다고 한 것이다. 이것은 인간의 주체성을 바탕으로 종교, 철학, 과학 세 가지를 하나로 통일시킨 것이라고 평할 만하다. 끝으로 그가 자신의 80년 삶을 돌아볼 때의 고백을 소개하고 싶다.

"내가 삶의 종점으로 치달리면서 고민한 한 가지 문제가 있는데, 만일 조물주가 은혜를 베풀어 나를 환생시킨다면 부대조건을 붙여 약간 뻔뻔하고 멍청한 인간으로 태어나고 싶다."

2013년 4월 성북동 열선당에서

참고문헌

윤무학, 『중국철학방법론』, 도서출판 한울, 1999

윤무학, 『순자 : 통일제국을 위한 비판철학자』, 성균관대출판부, 2004

윤무학, 『순자가 들려주는 마음 닦는 이야기』, 자음과모음, 2006

孔繁, 『荀子評傳』, 南京大學出版社, 2004

劉志軒, 『荀子傳』, 花山文藝出版社, 1995

張曙光, 『外王之學 : 荀子與中國文化』, 河南大學出版社, 1997

內山俊彦, 『荀子』, 講談社, 1999

숫자 하나, 둘, 셋의 비밀

펴낸날	**초판 1쇄** 2013년 4월 30일
	초판 2쇄 2018년 6월 28일

지은이	**윤무학**
펴낸이	**심만수**
펴낸곳	**(주)살림출판사**
출판등록	1989년 11월 1일 제9-210호

주소	**경기도 파주시 광인사길 30**
전화	**031-955-1350** 팩스 **031-624-1356**
홈페이지	http://www.sallimbooks.com
이메일	book@sallimbooks.com

ISBN	978-89-522-2647-1 04080
	978-89-522-0096-9 04080(세트)

※ 값은 뒤표지에 있습니다.
※ 잘못 만들어진 책은 구입하신 서점에서 바꾸어 드립니다.

026 미셸 푸코　eBook

양운덕(고려대 철학연구소 연구교수)

더 이상 우리에게 낯설지 않지만, 그렇다고 손쉽게 다가가기엔 부담스러운 푸코라는 철학자를 '권력'이라는 열쇠를 가지고 우리에게 열어 보여 주는 책. 권력은 어떻게 작용하는가에서 논의를 시작하여 관계망 속에서의 권력과 창조적·생산적·긍정적인 힘으로서의 권력을 이야기해 준다.

027 포스트모더니즘에 대한 성찰　eBook

신승환(가톨릭대 철학과 교수)

포스트모더니즘의 역사와 논의를 차분히 성찰하고, 더 나아가 서구의 근대를 수용하고 변용시킨 우리의 탈근대가 어떠한 맥락에서 이해되는지를 밝힌 책. 저자는 오늘날 포스트모더니즘으로 대변되는 탈근대적 문화와 철학운동은 보편주의와 중심주의, 전체주의와 이성 중심주의에 대한 거부이며, 지금은 이 유행성의 뿌리를 성찰해 볼 때라고 주장한다.

202 프로이트와 종교　eBook

권수영(연세대 기독상담센터 소장)

프로이트는 20세기를 대표할 만한 사상가이지만, 여전히 적지 않은 논란과 의심의 눈초리를 받고 있다. 게다가 신에 대한 믿음을 빼앗아버렸다며 종교인들은 프로이트를 용서하지 않을 기세이다. 기독교 신학자인 저자는 이 책을 통해 종교인들에게 프로이트가 여전히 유효하며, 그를 통하여 신앙이 더 건강해질 수 있다는 점을 보여 주려 한다.

427 시대의 지성 노암 촘스키　eBook

임기대(배재대 연구교수)

저자는 노암 촘스키를 평가함에 있어 언어학자와 진보 지식인 중 어느 한 쪽의 면모만을 따로 떼어 이야기하는 것은 불합리하다고 말한다. 이 책에서는 촘스키의 가장 핵심적인 언어이론과 그의 정치비평 중 주목할 만한 대목들이 함께 논의된다. 저자는 촘스키 이론과 사상의 본질에 다가가기 위한 이러한 시도가 나아가 서구 사상을 받아들이는 우리의 자세와도 연결된다고 믿고 있다.

024 이 땅에서 우리말로 철학하기

이기상(한국외대 철학과 교수)

우리말을 가지고 우리의 사유를 펼치고 있는 이기상 교수의 새로운 사유 제안서. 일상과 학문, 실천과 이론이 분리되어 있는 '궁핍의 시대'에 사는 우리에게 생활세계를 서양학문의 식민지화로부터 해방시키고, 서양이론의 중독으로부터 벗어나야 한다고 역설한다. 저자는 인간 중심에서 생명 중심으로의 변환과 관계론적인 세계관을 담고 있는 '사이 존재'를 제안한다.

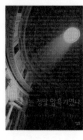

025 중세는 정말 암흑기였나   eBook

이경재(백석대 기독교철학과 교수)

중세에 대한 친절한 입문서. 신과 인간에 대한 중세인의 의식을 다루고 있는 이 책은 어떻게 중세가 암흑시대라는 일반적인 인식을 가지게 되었는지에 대한 물음을 추적한다. 중세는 비합리적인 세계인가, 중세인의 신앙과 이성은 어떠한 관계를 갖고 있는가 등에 대한 논의를 하고 있다.

065 중국적 사유의 원형   eBook

박정근(한국외대 철학과 교수)

중국 사상의 두 뿌리인 『주역』과 『중용』을 철학적 관점에서 접근한다. '산다는 것은 무엇인가?'라는 근원적 질문으로부터 자생한 큰 흐름이 유가와 도가인데, 이 두 사유의 흐름을 거슬러 올라가다 보면 그 둘이 하나로 합쳐지는 원류를 만나게 된다. 저자는 『주역』과 『중용』에 담겨 있는 지혜야말로 중국인의 사유세계를 지배하는 원류라고 말한다.

076 피에르 부르디외와 한국사회   eBook

홍성민(동아대 정치외교학과 교수)

부르디외의 삶과 저작들을 통해 그의 사상을 쉽게 소개해 주고 이를 통해 한국사회의 변화를 호소하는 책. 저자는 부르디외가 인간의 행동이 엄격한 합리성과 계산을 근거로 행해지기보다는 일정한 기억과 습관, 그리고 사회적 전통에 영향을 받는다는 사실로부터 시작한다는 점을 강조한다.

096 철학으로 보는 문화 `eBook`

신응철(숭실대 인문과학연구소 연구교수)

문화와 문화철학 연구에 관심 있는 사람을 위한 길라잡이로 구상된 책. 비교적 최근에 분과학문으로 등장하기 시작한 문화철학의 논의에 반드시 들어가야 할 요소를 선택하여 제시하고, 그 핵심 내용을 제공한다. 칸트, 카시러, 반 퍼슨, 에드워드 홀, 에드워드 사이드, 새무얼 헌팅턴, 수전 손택 등의 철학자들의 문화론이 소개된다.

097 장 폴 사르트르 `eBook`

변광배(프랑스인문학연구모임 '시지프' 대표)

'타자'는 현대 사상에 있어 가장 중요한 개념 중 하나이다. 근대가 '자아'에 주목했다면 현대, 즉 탈근대는 '자아'의 소멸 혹은 자아의 허구성을 발견함으로써 오히려 '타자'에 관심을 갖게 되었다. 그리고 타자이론의 중심에는 사르트르가 있다. 사르트르의 시선과 타자론을 중점적으로 소개한 책.

135 주역과 운명 `eBook`

심의용(숭실대 강사)

주역에 대한 해설을 통해 사람들의 우환과 근심, 삶과 운명에 대한 우리의 자세를 말해 주는 책. 저자는 난해한 철학적 분석이나 독해의 문제로 우리를 데리고 가는 것이 아니라 공자, 백이, 안연, 자로, 한신 등 중국의 여러 사상가들의 사례를 통해 우리네 삶을 반추하는 방식을 취한다.

450 희망이 된 인문학 `eBook`

김호연(한양대 기초 · 융합교육원 교수)

삶 속에서 배우는 앎이야말로 인간의 운명을 바꿀 수 있는 기회를 준다. 그래서 삶이 곧 앎이고, 앎이 곧 삶이 되는 공부를 하는 것이 무엇보다 중요하다. 저자는 인문학이야말로 앎과 삶이 결합된 공부를 도울 수 있고, 모든 이들이 이 공부를 할 수 있어야 한다고 믿는다. 특히 '관계와 소통'에 초점을 맞춘 인문학의 실용적 가치, '인문학교'를 통한 실제 실천사례가 눈길을 끈다.

eBook 표시가 되어있는 도서는 전자책으로 구매가 가능합니다.

(주)살림출판사
www.sallimbooks.com
주소 경기도 파주시 문발동 522-1 | 전화 031-955-1350 | 팩스 031-955-1355